パラリンピックのアスリートたち

勇気ある一歩で世界が変わる！

――車いすバスケ　香西宏昭

文・光丘真理

新日本出版社

もくじ

コラム

装丁・デザイン　周 玉慧

表紙写真　アフロスポーツ

コラムイラスト　野々村京子

校正　村井みちよ

プロローグ

「いくぞー!」

「おーー!」

体育館いっぱいにひびく声。

ひとつのボールを追いかけて、ぶつかり合う車いす。

キューッ、ガシャーン。

ガツーン。

ハの字の車輪《しゃりん》を、自由自在《じゆうじざい》にターンさせて、ボールを受けとりひざの上へ、
そしてドリブル。

5メートルほど先のゴールをねらって、シュート。

シュパッ。

プロローグ

「ナイスシュート！　すごい！」

体育館のすみで、車いすに乗った宏昭《ひろあき》は、目の前でくり広げられる光景《こうけい》に、くぎづけになっていました。このとき、香西宏昭《こうざいひろあき》は、12歳《さい》でした。

生まれつきひざから下が両足ともなく、幼《おさな》いころから車いすで生活をしています。

学生のころからバスケットボールをしていたお父さんは、たびたび宏昭《ひろあき》を
「近所の体育館でバスケをしよう。」

と、さそってくれました。そんなとき宏昭《ひろあき》は、車いすに乗ったまま、キャッチボール感覚《かんかく》で、お父さんとバスケットボールで遊んでいました。

しかし、今日、宏昭《ひろあき》は、本物の車いすバスケットボールに出合いました。

２０００年12月、宏昭《ひろあき》は小学校６年生。

千葉《ちば》ホークスという車いすバスケットボールのチームが開いている「車い

すバスケットボール体験《たいけん》教室」のチラシを、お母さんが持ってきてくれたことがきっかけでした。

(おもしろそうだな。)

と思った宏昭《ひろあき》は、お父さんといっしょに体験《たいけん》教室にやってきたのです。

会場に行く途中《とちゅう》、道に迷《まよ》ってしまったので、着いたときには体験《たいけん》教室は終わっていました。しかし、選手《せんしゅ》たちが残《のこ》っていて、会場でバスケをしていたのです。

競技用《きょうぎよう》の車いすに乗った選手《せんしゅ》たちが、目の前で、ボールをパスしたり、ゴールへ猛《もう》スピードで走っていったり……。迫力満点《はくりょくまんてん》です。

車いすバスケットボールの競技用《きょうぎよう》の車いすは、宏昭《ひろあき》が乗っている日常用の車いすとはまるでちがいました。

タイヤもハの字になっていて、軽《かろ》やかにくるりと回転するし、スピードも

プロローグ

何倍も速そうです。

「すごい！」

宏昭《ひろあき》が息をのんで見ていると、選手《せんしゅ》たちが声をかけてくれました。

「さあ、宏昭《ひろあき》くんも乗ってごらん。」

千葉《ちば》ホークスの人が、競技用《きょうぎよう》の車いすを貸《か》してくれました。

「わ、ぼくのよりずっと高い、こわっ！……でも、なんて軽いの！」

自分の車いすより高さがあるのはこわい気がしますが、車輪《しゃりん》をまわすと、軽《かろ》やかに進みます。

「はやっ。」

こいだ分だけ、スピードがぐんぐん出てきます。

ターンしてみると、おもしろいほどくるくるまわります。

「うまいうまい。はじめてで、こんなふうに乗りこなせるなんて、宏昭《ひろあき》くん、すごいよ。」
ホークスの選手《せんしゅ》が、ほめてくれました。
（なんか、楽しい！）
はじめて乗ってみた競技用《きょうぎよう》車いすでしたが、宏昭《ひろあき》はずっと走っていたい気分でした。

第1章

こわがりだけど優《やさ》しいヒロくん

生まれてきてくれて、ありがとう!

1988年7月14日、香西宏昭《こうざいひろあき》は、父・広実《ひろみ》さん、母・真弓《まゆみ》さんの長男として生まれました。7歳《さい》上の姉・里実《さとみ》もいます。

神奈川《かながわ》県茅ヶ崎《ちがさき》市の市立病院で、帝王切開《ていおうせっかい》で生まれたとき、宏昭《ひろあき》の泣《な》き声《ごえ》は力強く、分娩《ぶんべん》室中《しつじゅう》にひびきました。

(元気な子だねえ、生まれてきてくれてありがとう!)

お母さんは、おなかを手術《しゅじゅつ》したので起きあがることはできませんが、早く赤ちゃんの顔を見たくてたまりません。

ところが、姉・里実《さとみ》の出産《しゅっさん》のときのように、すぐに胸《むな》もとまで連《つ》れてきてくれないのです。

「男の子ですよ。」

ようやく助産師《じょさんし》さんが、タオルにすっぽりと包《つつ》まれた赤ちゃんを見せてくれました。小さな顔だけがちょこんと出ています。

「かわいい。」

丸顔で、優《やさ》しくさがったまゆ、小さなどんぐりのような目。女の子みたい、と思わず手を差《さ》し出《だ》しました。

しかし、だっこはさせてもらえず、２３９０グラムの小さな赤ちゃんは、さっと新生児室《しんせいじしつ》へ連《つ》れていかれてしまいました。

「両下肢欠損《りょうかしけっそん》で、ひざから下が両足ともありません。」

医者から告《つ》げられたのは、母が病室にもどってきてからでした。

妊娠中《にんしんちゅう》は何のトラブルもなく順調《じゅんちょう》でしたが、原因《げんいん》がまったくわからないまま、宏昭《ひろあき》は障《しょう》がいがある状態《じょうたい》で生まれてきました。

しかし、父母は、ふしぎとショックを感じませんでした。それどころか、たまらなくかわいい小さな命を前にして、「よし、だいじに育てよう。」と、気合と覚悟《かくご》が生まれた瞬間《しゅんかん》となりました。

小さなガラスケースのベッドで手をあげ、元気な泣《な》き声《ごえ》をあげているわが子には何の罪《つみ》もなく、無垢《むく》なままです。

「かわいいね。」

「かわいいなあ。」

ガラス越《ご》しに宏昭《ひろあき》を見つめていたふたりの心には、愛《いと》おしさがあふれてきました。

「いっしょうけんめい育てていこうな。」

「そうね。車いすだってあるし、ふつうに育てていきましょう。」

ベッドのなかで、いつのまにか泣《な》きやんだ宏昭《ひろあき》は、安心したようにすやすやと眠《ねむ》っていました。

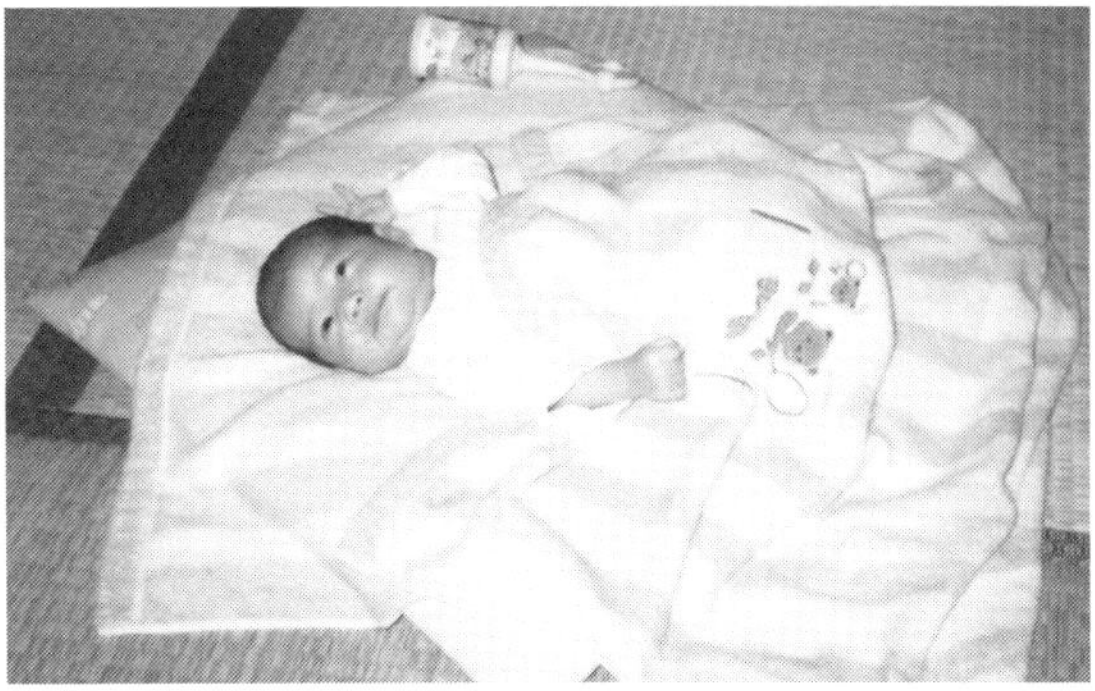

生まれたばかりの宏昭《ひろあき》。

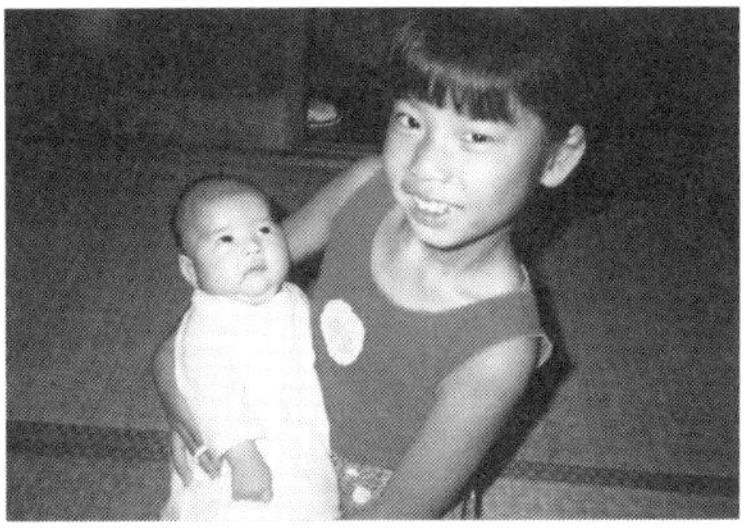

お母さんのまねをする、里実《さとみ》お姉ちゃん。

宏昭《ひろあき》のお宮参《みやまい》り。

家族でどこへでも行こう

生まれてから3歳《さい》までは、茅ケ崎《ちがさき》市内のお父さんの会社の社宅《しゃたく》※で暮《く》らしました。社宅《しゃたく》には、同じ会社の人が家族で住んでいるので、まわりには同じ年ごろの子どもたちがたくさんいます。

宏昭《ひろあき》は、7か月を過《す》ぎるころになると、腕《うで》の力だけでハイハイをして、家じゅうを動きまわれるようになり

※社宅《しゃたく》…会社が、社員のために貸《か》し出《だ》している住宅《じゅうたく》。

宏昭《ひろあき》、1歳《さい》のお誕生日《たんじょうび》に。

家の前でポーズ。

「女の子みたいにかわいい！」と、みんなにいわれていた。

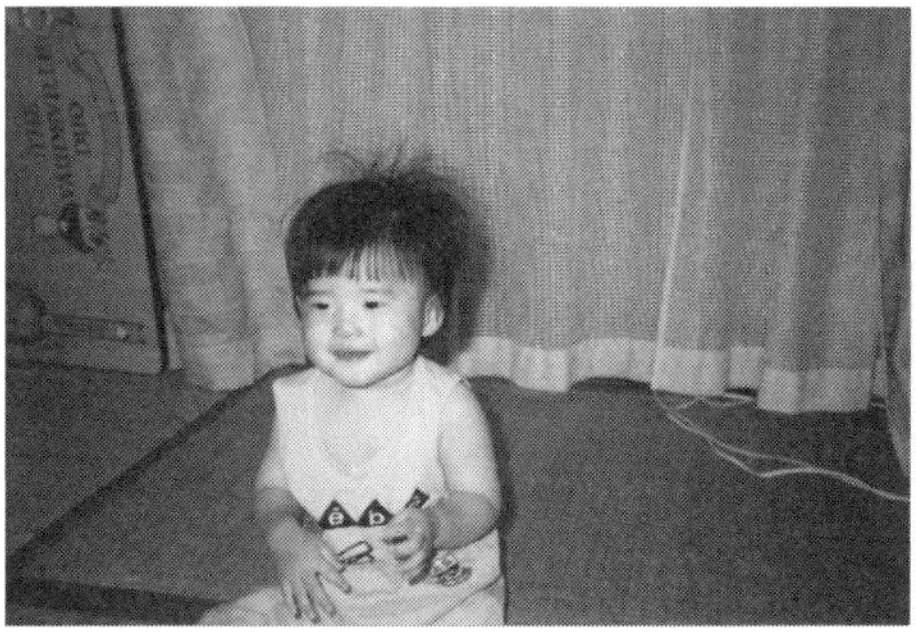

いつもお姉ちゃんと仲よし。

ました。また、姉の里実《さとみ》は、よく弟のベビーカーを押《お》して、外へ遊びに連《つ》れていってくれました。鬼《おに》ごっこも、お姉ちゃんの押《お》すベビーカーで参加《さんか》していました。

家族はベビーカーに宏昭《ひろあき》を乗せてどこにでも出かけ、野原では、ごろごろと草の上を転がったり、お弁当《べんとう》を開いてピクニックをしたりしました。

宏昭《ひろあき》が3歳《さい》になったときには、千葉《ちば》県千葉《ちば》市に引《ひ》っ越《こ》します。そのころには、宏昭《ひろあき》は、子ども用の車いすを操作《そうさ》できるようになっていました。また、義足《ぎそく》もつくり、歩行練習も少しずつはじめました。

「障《しょう》がいをかくそうとしないで、どこへでも出かけていこう。」

これが、香西家《こうざいけ》のモットーとなりました。

毎年夏休みには、家族そろって車で旅行をしました。

家族で遊園地へ。

里実《さとみ》お姉ちゃんといっしょに。

キャンプをしたり、海や山にもよく遊びに行ったりしました。また、両親そろって四国《しこく》生まれということもあり、なじみのなかった北の方を見てみよう、と福島《ふくしま》県や岩手《いわて》県などの東北《とうほく》地方にも出かけていきました。いろいろな景色《けしき》や食べものとの出合い、さまざまな人びととの出会いを経《けい》験《けん》させてあげたい、というのが、両親の考えでした。

車での移動《いどう》が多かったので、宏昭《ひろあき》は自動車が大好《だいす》きになり、旅をしながら行きかう車の車種《しゃしゅ》などを当てたりしていました。また、おもちゃのハンドルで父の運転をまねたり、車のミニチュアを集めて遊んだりしました。

宏昭《ひろあき》は、高いところが苦手《にがて》でした。

山の展望台《てんぼうだい》からのながめはすばらしいのですが、高いところから見おろすとこわくて体がふるえてきます。

「足がすくむー。」

泣《な》きべそをかきながら宏昭《ひろあき》がいうと、お姉ちゃんがすかさずつっこみます。

「ない足で、どうやってすくむのー?」

家族でどっと笑《わら》います。いつも笑《わら》いのたえない明るい家庭でした。

山の展望台《てんぼうだい》で、「足がすくむー。」とこわがる宏昭《ひろあき》。

優《やさ》しい家族や友だちに囲《かこ》まれて

近所の友だちとは、よく手打ち野球をして遊びました。学校にはバットが持ちこめなかったので、手で打つ野球です。

車いすの宏昭《ひろあき》も同じ条件《じょうけん》で参加《さんか》できるように、子どもたちでルールをつくりました。

「車いすがヒロくんの足だから、車輪《しゃりん》が少しでもベースをふんだらセーフだよ。」

サッカーをするときもありました。車いすが足ですが、宏昭《ひろあき》だけは手を使ってもよいことになりました。

学校の校庭や車の通らない道で、日が暮《く》れるまで遊んでいました。

小学校のとき、道路の段差《だんさ》で車いすごと転んでしまった宏昭《ひろあき》は、大声で泣《な》いてしまいました。聞きつけた友だちが仲間をよんで、宏昭《ひろあき》と車いすを起こしてくれて、家まで送ってくれました。

「おかあ、みんなすごいパワーで家まで送ってくれたから、ジュースぐらいごちそうしてよね。」

転んで泥《どろ》だらけの顔には涙《なみだ》のあとが残《のこ》っていましたが、友だちの優《やさ》しさがうれしくて、宏昭《ひろあき》は晴ればれとした笑顔《えがお》でいいました。

「みんな、ありがとうね。じゃあ、アイスもごちそうしようかな。さあ、入って手を洗《あら》って。」

いつも明るいお母さんは、宏昭《ひろあき》の友だちとも仲よしなのです。

「おやつ食べ終わって、おじさんとキャッチボールする人！」

「はーい！」

お父さんのよびかけに、友だちはみんな手をあげました。
お父さんも、宏昭《ひろあき》の友だちとよくいっしょに遊んでくれました。

ヒロくんの足は車いす

義足《ぎそく》をつけて、歩行の練習もしましたが、これはなかなかうまくいきませんでした。
事故や病気などで足を失《うしな》った人は、「歩いていたとき」の感覚《かんかく》が

小学校の運動会で、応援《おうえん》に来てくれたお父さんと。

運動会も車いすで元気に参加《さんか》。

残《のこ》っているので、義足《ぎそく》にだんだんと慣《な》れていくのですが、宏昭《ひろあき》はちがいます。生まれたときから、ひざから下がないので、「歩く」という感覚《かんかく》がわからないのです。それで、義足《ぎそく》をつけて歩こうとすると、こわさばかりがともないます。

そんなわけで、義足《ぎそく》をつけて車いすにすわっても、立ちあがって移動《いどう》することはほとんどなくなっていきました。やはり、宏昭《ひろあき》にとって車いすが、自分の足となっていたのです。

車いすで、いろいろなところへ遊びに行きました。

虫とりにもよく出かけました。

「おっと、カメムシをふむところだった。」

宏昭《ひろあき》は、あわてて車いすをバックさせます。

（小さな虫だって命があるもん。）

そのころ『ファーブル昆虫記《こんちゅうき》』を読むのが好《す》きだった宏昭《ひろあき》は、虫1匹《ぴき》だって、決して殺《ころ》してしまうようなことはありませんでした。

でもときどき、つかまえた虫を家に連《つ》れてかえって、お姉ちゃんにいたずらすることはありました。

「おねえ、かわいいよ。ほら。」

てのひらにダンゴ虫をいっぱいのせて、お姉ちゃんに差《さ》し出《だ》します。

「わ、わわわわ、家のなかに持ってくるな！　もう、ヒロったら！　今、音楽聞いてうっとりしていたのにい！」

しょっちゅうけんかをしながらも、仲のいい姉弟《きょうだい》でした。

第2章

小学生の車いすバスケ選《せん》手《しゅ》誕《たん》生《じょう》

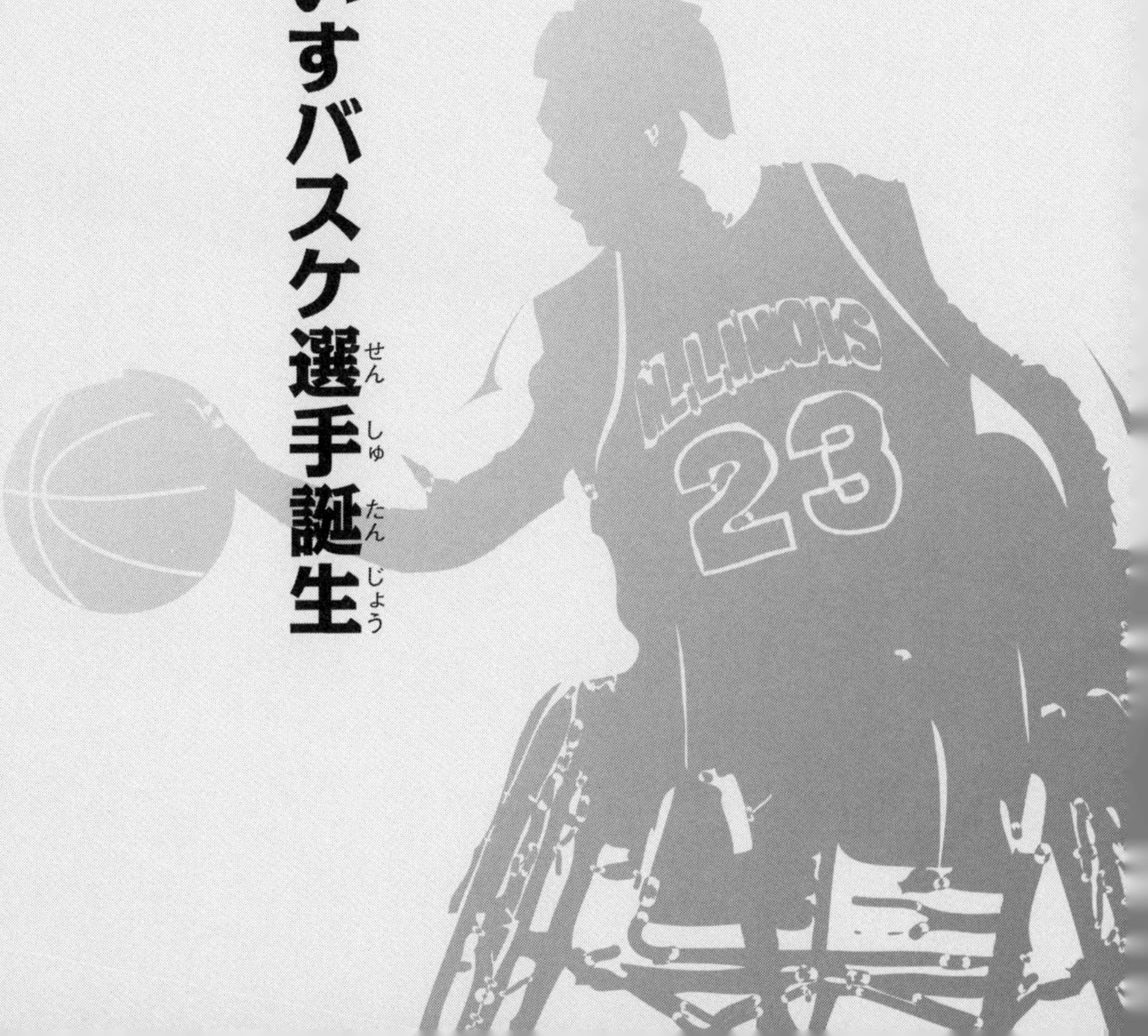

いっしょにやってみないか？

お父さんは中学・高校とバスケットボールの選手《せんしゅ》だったこともあり、ときおり宏昭《ひろあき》と、バスケットボールをして遊んでくれていました。

中学生になれば、部活動もはじまります。障《しょう》がいがあっても何か打ちこむものがあれば、きっと毎日が楽しいはずです。

お父さんと同じ気持ちのお母さんも、車いすバスケットボールの情報《じょうほう》を調べたり、イベントなどのチラシを家へ持って帰ってきたりしました。また、神奈川《かながわ》県で開かれていた全国障害者《しょうがいしゃ》スポーツ大会の試合《しあい》に、家族《かぞく》みんなで観戦《かんせん》に行ったりもしました。

そして、小学6年生の12月、宏昭《ひろあき》は車いすバスケットボールチーム・千葉《ちば》ホークスの体験《たいけん》教室にやってきました。

競技用《きょうぎよう》の車いすと形はちがいますが、幼《おさな》いころから車いすを足として使っていた宏昭《ひろあき》は、すぐに基本的《きほんてき》な操作《そうさ》ができるようになりました。選手《せんしゅ》に混《ま》じって体験《たいけん》してみるとおもしろくなってきて、車いすバスケに興味《きょうみ》がむくむくとわいてきました。

ボールをひざの上にのせて車いすで走ったり、パスしたり……。ゴール下でパスしてもらって、シュートをしてみると、

「ナイスシュート！」

チームの人たちが、声を合わせて拍手《はくしゅ》をしてくれます。

（楽しい！）

宏昭《ひろあき》は、いつのまにか腕《うで》をふりあげてガッツポーズをしていました。

体験《たいけん》が終わったとき、当時キャプテンだった京谷和幸《きょうやかずゆき》選手《せんしゅ》が、宏昭《ひろあき》のとこ

ろに車いすを走らせてきました。

（あ、元J《ジェイ》リーガーの京谷選手《きょうやせんしゅ》だ！）

京谷和幸選手《きょうやかずゆきせんしゅ》は、プロのサッカー選手《せんしゅ》として活躍《かつやく》していました。バルセロナオリンピックの代表選手《せんしゅ》にも選《えら》ばれたことがあります。

サッカーJ《ジェイ》リーグ「ジェフユナイテッド市原《いちはら》」のチームで活躍《かつやく》していたとき、交通事故にあい、車いす生活を余儀《よぎ》なくされ、サッカー選手《せんしゅ》をあきらめなければならなかったのです。しかし、車いすバスケットボールに出合い、千葉《ちば》ホークスに所属《しょぞく》して新たな人生をスタートさせていました。

「宏昭《ひろあき》くん、いっしょにやってみないか？」

京谷選手《きょうやせんしゅ》が、大きな手で握手《あくしゅ》をもとめてくれています。

「でも、ぼく、まだ小6だし……。」

「今からやれば、きっと強くなるぞ。」

「え？　強く？」

京谷選手《きょうやせんしゅ》が、さわやかな笑顔《えがお》で大きくうなずいています。

「ぼく、強くなりたい。」

「だろ！」

気がつけば、にっこり笑《わら》う京谷選手《きょうやせんしゅ》と、ぎゅーっと握手《あくしゅ》をかわしていました。

「おとう、ぼくまだ子どもなのに、本当にやっていけるんだろうか？」

車での帰り道、不安《ふあん》をぬぐいきれない宏昭《ひろあき》は、運転するお父さんに聞きました。

「日本では、まだ車いすバスケのジュニアチームは聞いたことがないからなあ。しかしな、ヒロ、せっかく、千葉《ちば》ホークスが受け入れてくださるんだ、

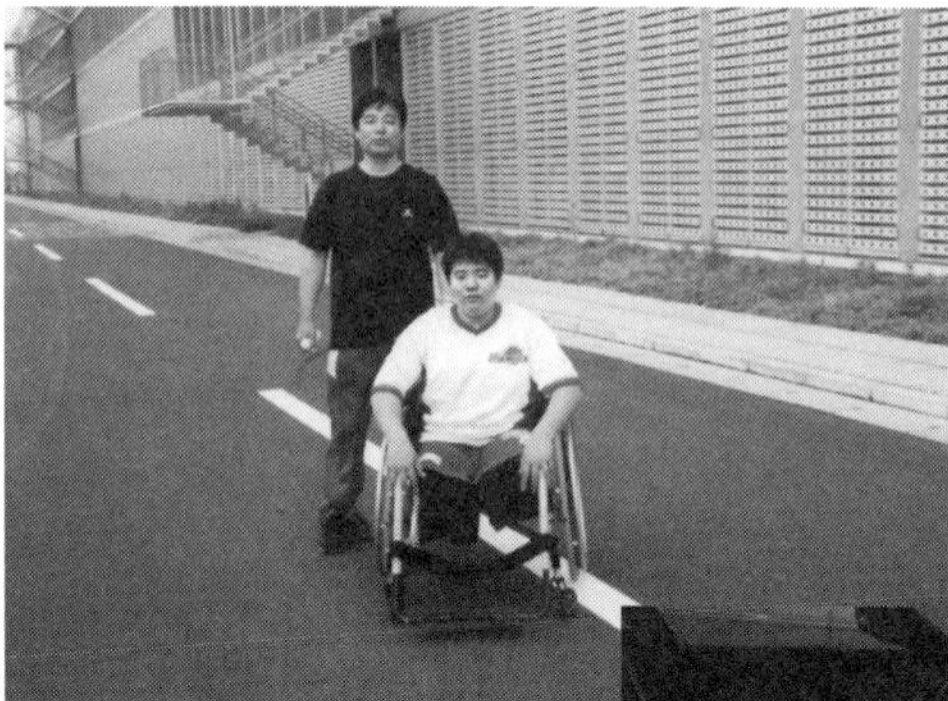

千葉《ちば》ホークスに入ったころ、お父さんとバスケの練習。

車が大好《だいす》きな宏昭《ひろあき》は、展示場《てんじじょう》でよく試乗《しじょう》させてもらっていた。

やるだけやってごらん。お父さんも協力《きょうりょく》するぞ。」

（そうだ、バスケをしてきたお父さんもいてくれるし……。）

はじめて体験《たいけん》した競技用《きょうぎよう》車いす。乗って走って、ターンして……気持ちよかったことがよみがえってきます。

こわがりなところがある宏昭《ひろあき》は、新しいことに挑戦《ちょうせん》するとき、飛《と》びこむ勇気《ゆうき》がなかなか持てませんでしたが、このときだけはちがいました。

「ぼく、車いすバスケットボール、やってみるよ！」

及川《おいかわ》コーチとの出会い

宏昭《ひろあき》は、小学校の卒業《そつぎょう》間近の2001年1月半《なか》ばから、千葉《ちば》ホークスの練習に参加《さんか》しました。お父さんも仕事帰りに体育館に来てくれて、パスワークの練習やアドバイスをしてくれました。

「チーム練習の前の2時間、いっしょに練習しよう！」

車いすバスケをはじめてまだ間もないころ、ひとりの男の人が、にこやかに宏昭《ひろあき》に近づいてきました。片足《かたあし》がロボットマシンのような義足《ぎそく》です。

宏昭《ひろあき》に声をかけてくれたのは、千葉《ちば》ホークスの選手《せんしゅ》で、のちに日本代表のヘッドコーチとなる及川晋平《おいかわしんぺい》さんでした。

及川《おいかわ》さんも車いすバスケの選手《せんしゅ》として、千葉《ちば》ホークスに所属《しょぞく》していました。16歳《さい》のときに、骨肉腫《こつにくしゅ》※で右足を切断《せつだん》。22歳《さい》で車いすバスケをはじめて、アメリカに留学《りゅうがく》し基礎《きそ》をみっちりと身につけました。2000年に開催《かいさい》されたシドニーパラリンピックの日本代表選手《せんしゅ》でした。アメリカでプレーヤーとして活躍《かつやく》した経験《けいけん》をもとに、若手《わかて》の選手《せんしゅ》の育成《いくせい》にも力を注《そそ》いでいます。

チームの練習は午後7時から9時まででしたが、宏昭《ひろあき》は、小学校が終わったあとの午後5時には体育館に着くので、2時間、個人《こじん》練習をさせてくれるというのです。

「毎日の練習内容をノートにつけるように。」

及川《おいかわ》さんにいわれ、宏昭《ひろあき》は、その日の練習メニューを細かくノートに書いて、注意されたことや反省点《はんせいてん》もメモしていきました。

及川《おいかわ》さんは、千葉《ちば》ホークスの選手《せんしゅ》として活躍《かつやく》していましたが、宏昭《ひろあき》にとっては、車いすバスケットボールのたのもしいコーチという存在《そんざい》でした。

学校の授業《じゅぎょう》がはじまるまでは、ひとりで朝の練習もしました。

「筋《きん》トレがだいじだ。朝練では、上半身をしっかりきたえよう。腕立《うでた》てと腹筋《ふっきん》、背筋《はいきん》を毎日やること。まずはどちらも、10回から、毎日1回ずつ増《ふ》やしていくこと！」

及川《おいかわ》さんからの練習メニューの提案《ていあん》です。

「はい！」

宏昭《ひろあき》は、まじめに、毎日1回ずつ増《ふ》やして、10日たてば20回、1か月たてば40回……、そうしているうちに3か月が過《す》ぎ、１００回も越《こ》えていきます。

だんだん、朝練の時間が長くなり、学校に遅刻《ちこく》しそうになってきました。

※骨肉腫《こつにくしゅ》…骨《ほね》にできる悪性腫瘍《あくせいしゅよう》のこと。

「あのー、晋平《しんぺい》さん、今、腕立《うでた》てと腹筋《ふっきん》で110回ずつなんですが、これって、永遠《えいえん》に1回ずつ増《ふ》やすのですか?」

いくら及川《おいかわ》さんの提案《ていあん》とはいえ、このままでは学校に遅刻《ちこく》してしまいます。

ところが、及川《おいかわ》さんは「へ?」という顔で、首をかしげています。そして、

「ああ。」と大きくうなずくと、笑《わら》いだしたではありませんか。

「ヒロ、おれ、そんなことといったなあ。ごめんごめん、忘《わす》れてた!」

50回くらいで止《と》めておくつもりが、すっかり忘《わす》れていたというのです。

「晋平《しんぺい》さん、それはないっすよ~。」

宏昭《ひろあき》は、車いすからへなへなとくずれおちそうになりましたが、その姿《すがた》がおもしろいと、及川《おいかわ》さんはさらに笑《わら》います。

「まったく、ごめんねえ、ヒロ。」

横で、及川《おいかわ》さんの妻《つま》・恵美子《えみこ》さんが、両手を合わせて頭をさげてくれまし

た。

「だけど、本当にヒロって、まじめだよねえ。それなのに、忘《わす》れるなんて、ふまじめですよ、オイオイ、オイカワさん。」

恵美子《えみこ》さんが、ふざけて自分の夫《おっと》にひじでこづくようなかっこうをしたので、宏昭《ひろあき》も思わずふきだしました。

体育館に、3人の笑《わら》い声《ごえ》がひびいていきます。

明るい及川《おいかわ》夫妻《ふさい》にささえられて、宏昭《ひろあき》は、心身ともにたくましくなっていきました。

夫妻《ふさい》とはずっとこのあとも親交が続《つづ》き、及川《おいかわ》さんは、大人《おとな》になった宏昭《ひろあき》にとって第二の父のような存在《そんざい》になることを、このときの宏昭《ひろあき》は、まだ知るよしもなかったのです。

毎日練習を重《かさ》ね、試合《しあい》にも出させてもらうようになると、宏昭《ひろあき》はさらに車いすバスケが楽しくなっていきました。

また、車いすバスケのチームが活躍《かつやく》する海外の話にも、刺激《しげき》をもらっていました。

「アメリカに留学《りゅうがく》していたときのことだけど……。」

「マイク・フログリーというすごいコーチがいてね……。」

「イタリアのチームにはね……。」

海外の車いすバスケについて、及川《おいかわ》さんから聞くことも楽しみのひとつでした。アメリカやヨーロッパのコーチや選手《せんしゅ》のレベルの高いこと、バスケへの意識《いしき》も高く、高度な技術《ぎじゅつ》も身につけていること、どれもこれもが「すごい！」と声をあげたくなる話ばかりです。

（いつか、世界で活躍《かつやく》する選手《せんしゅ》とプレーをしたり、戦《たたか》ってみたりしたいなあ。）

宏昭《ひろあき》の夢《ゆめ》は、車いすバスケの技術《ぎじゅつ》の成長とともに、ふくらんでいきました。

千《ち》葉《ば》ホークスに入って

お父さんが宏昭《ひろあき》に何か大切なことを話すときは、いつも家のお風呂《ふろ》のなかでした。

車いすバスケをはじめたころ、風《ふ》呂《ろ》場《ば》で、お父さんが宏昭《ひろあき》にこういいました。

「バスケをやり続《つづ》けるためには、目標《もくひょう》と目的《もくてき》を持つことが大切だよ。」

「目標《もくひょう》と目的《もくてき》？　どうちがうの？」

「目標《もくひょう》は、めざすところ。目的《もくてき》は、何のために、どんな役に立てるか、ということかな。」

（うーん、わかるようでよくわかんないや。）

「ヒロ、ひと月じっくり考えてごらん。」

12歳《さい》の宏昭《ひろあき》には、ちがいがはっきりとはわかりませんでしたが、いわれたように真剣《しんけん》に考えてみました。

1か月たって、お父さんとお風呂《ふろ》に入ったとき、宏昭《ひろあき》は、こういいました。

「おとう、目的《もくてき》は、車いすバスケを通じてなんとか社会の役に立ちたい、くらいしか今はわからないけど、目標《もくひょう》は決まった。」

「なんだ？」

「世界で認《みと》められる選手《せんしゅ》になること！」

一瞬《いっしゅん》、だまったお父さんは、こう聞き返しました。

「世界をめざすのか？　すごいことだね。」

「うん。」

宏昭《ひろあき》はけろっとした顔でいいました。

「そうか……。大きな目標《もくひょう》を決めたな。それに向かっていくヒロを全力でサポートしていくよ。」

お父さんが一瞬《いっしゅん》だまったのは、ちょっとおどろいたからでした。宏昭《ひろあき》の目標《もくひょう》は、お父さんの想像《そうぞう》をはるかに超《こ》えるものだったからです。たしかに、無名《むめい》の選手《せんしゅ》では強いとはいえないかもしれませんが、まさか、日本をとび越《こ》えて「世界」まで考えているとは……。

お父さんもお母さんも、将来《しょうらい》、宏昭《ひろあき》が何か職業《しょくぎょう》についても、身につけた車いすバスケをライフワークとしてやっていくといいと思っていました。

しかし、宏昭《ひろあき》が1か月考えぬいた目標《もくひょう》は、「世界で認《みと》められる選手《せんしゅ》になること」だったのです。

その目標《もくひょう》に向かって、宏昭《ひろあき》は、日々《ひび》練習にはげみ、確実《かくじつ》に実力をつけていきました。

2001年、車いすバスケットボールをはじめて1年もたたないころ、中学1年生の宏昭《ひろあき》は、及川晋平《おいかわしんぺい》さんがスタートさせた第1回目の「J《ジェイ》キャンプ」に参加《さんか》しました。これは、車いすバスケをしている若《わか》い選手《せんしゅ》を集めて、その真の楽しさを伝えるための4日間のキャンプで、北海道札幌《ほっかいどうさっぽろ》市で開催《かいさい》されました。

及川《おいかわ》さんは、アメリカ留学《りゅうがく》時《じ》に身につけた車いすバスケの高度な技術《ぎじゅつ》や知《ち》識《しき》を、日本に合うようにアレンジして、宏昭《ひろあき》たちを指導《しどう》してくれました。

さらにこのキャンプには、及川《おいかわ》さんの師《し》であるマイク・フログリーコーチもゲストとして招《まね》かれていました。マイクコーチは、アメリカ・イリノイ大学男子チームとカナダ代表チームのヘッドコーチで、車いすバスケットボールでは世界一のコーチと評判《ひょうばん》の人でした。

はじめてのＪ《ジェイ》キャンプ。及川《おいかわ》さんの開会のあいさつ。

「ベーシックを体でしっかり覚《おぼ》えていけば、世界に通用するプレーヤーになれるからね。」

ベーシックとは、車いすバスケットボールの大切な基本《きほん》事項《じこう》です。

マイクコーチは、競技用《きょうぎよう》の車いすの操《そう》作《さ》はもちろんのこと、試合《しあい》での動きやボールのあつかい方、シュートの打ち方やパスを受ける位置《いち》など、基本《きほん》を細やかに実践《じっせん》しながら教えてくれました。

(やっぱり、世界で活躍《かつやく》するためには、ベーシックが体に染《し》みつくほど練習しなくちゃだめなんだなぁ。)

こうして、4日間の合宿が終わるころには、宏昭《ひろあき》も車いすバスケ選手《せんしゅ》としての技術《ぎじゅつ》がずいぶん身についたように感じました。

また、うれしいことに、キャンプ最終日《さいしゅうび》には、マイクコーチから宏昭《ひろあき》へ、手渡《てわた》しで「10年後が楽しみで賞《しょう》」という賞《しょう》がおくられました。

賞品《しょうひん》は、『スラムダンク』や『リアル』などを描《か》いた有名な漫画家《まんがか》・井上《いのうえ》雄彦《たけひこ》さんのサイン入りのバスケットボールでした。

この合宿の感想を、宏昭《ひろあき》はこう書いていました。

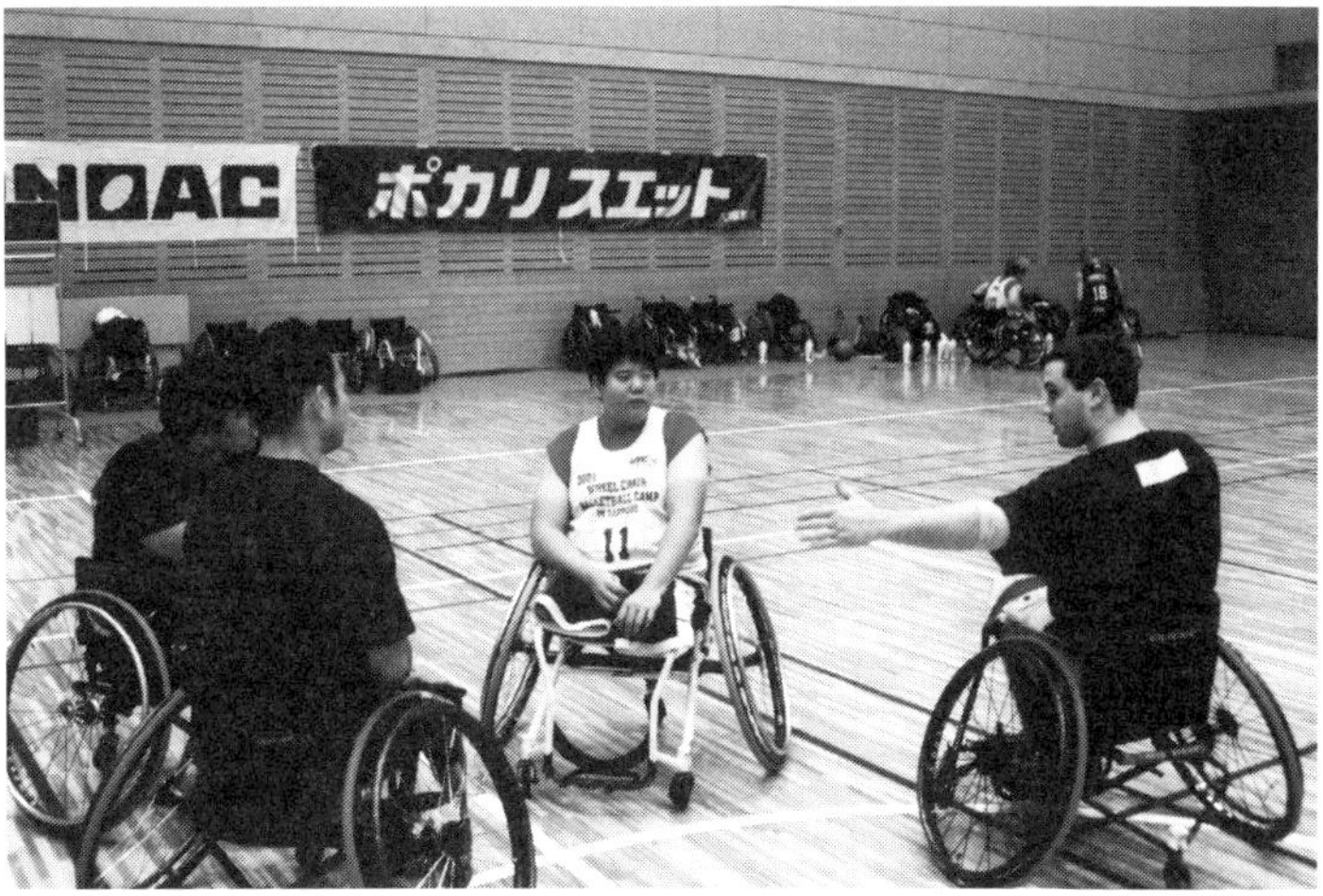

J《ジェイ》キャンプで指導《しどう》を受ける宏昭《ひろあき》。左手前は及川《おいかわ》さん。

J《ジェイ》キャンプ講師《こうし》として来日していたイリノイ大学生と、及川《おいかわ》さん。

練習前のアップ※は、いつも走るだけであまり楽しくないけど、キャンプのアップは鬼《おに》ごっこみたいなことをやって、とても楽しくできた。

練習のとき、マイクさんたちは、ゆっくりわかりやすくディフェンスのしかたやパスのしかたなどを教えてくれた。正しいシュートの打ち方も教えてくれた。

（中略《ちゅうりゃく》）

このシュートのしかたを練習してるとマイクさんが、「エクセレント‼」といっぱいほめてくれて、ほめてくれるとうれしくなってやる気になって、キャンプ中ずっと楽しかった。

（中略《ちゅうりゃく》）

そのあと、ぼくはマイクさんから、「10年後期待《きたい》できる人」として「10年後が楽しみで賞《しょう》」を受賞《じゅしょう》して、ボールをもらってしまった‼

こんなにうれしくて最高《さいこう》の気分になったのは、13年間生きているなかで、はじめてだった。本当に本当にうれしくて、キャンプのなかで、一番の思い出になった。

（中略《ちゅうりゃく》）

もっともっとマイクさんにバスケットの技術《ぎじゅつ》を教えてもらいたい!!

キャンプに参加《さんか》して本当に本当によかった!!　楽しいキャンプだった!!

※アップ…ウォーミングアップのことで、柔軟《じゅうなん》運動や軽く走ったりなどする。

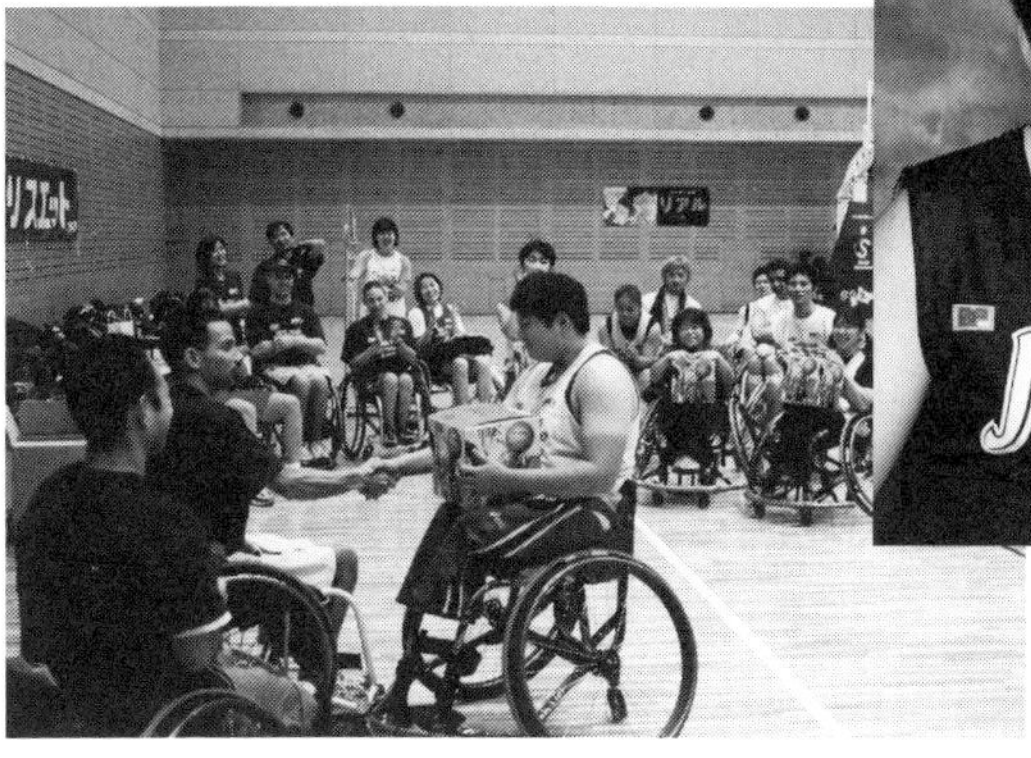

「10年後が楽しみで賞《しょう》」を受《じゅ》賞《しょう》した宏昭《ひろあき》。マイクコーチとしっかり握手《あくしゅ》。

イリノイ大学に来ないか?

2年後の中学3年生のときには、イリノイ大学が主宰《しゅさい》するイリノイ・ジュニアエリートキャンプのメンバーにも選《えら》ばれ、アメリカでの6日間のキャンプに参加《さんか》しました。

このキャンプには、パラリンピックをめざす世界中のジュニアの選手《せんしゅ》のなかから30人だけが選《えら》ばれ、参加《さんか》しました。

10代を中心とした将来《しょうらい》を担《にな》う若《わか》い選手《せんしゅ》たちが、イリノイ大学のトレーニング施設《しせつ》で、朝9時から夜9時まで、びっしりと練習をこなしていきます。日本からは、宏昭《ひろあき》のほかに、藤本怜央《ふじもとれお》選手《せんしゅ》などが参加《さんか》しました。全参加者《ぜんさんかしゃ》のなかで、宏昭《ひろあき》は最年少《さいねんしょう》の14歳《さい》でした。

ここでマイクコーチから、科学的《かがくてき》に細かく分析《ぶんせき》された車いすバスケットボールの技術《ぎじゅつ》を学びました。

（ただ、がむしゃらにボールを追いかけるだけじゃだめなんだ。正しい技術《ぎじゅつ》を身につけなくちゃ。そのためにも、くりかえし練習して、体に染《し》みこませなければいけない。）

宏昭《ひろあき》は、このキャンプでも、車いすバスケのベーシックの大切さを実感《じっかん》していました。

キャンプの最後《さいご》の日のことです。車いすでの走りこみやボールのあつかいなどの基礎《きそ》練習をしていたとき、宏昭《ひろあき》のところへマイクコーチが来ました。

「ヒロ、このイリノイ大学に来ないか？」

マイクコーチからの思いがけないさそいでした。

「高校を卒業《そつぎょう》したらでいいから、必《かなら》ずおいで。待っているよ。」

中学２年生で参加《さんか》したＪ《ジェイ》キャンプで。練習のようす。68番のゼッケンが宏昭《ひろあき》。

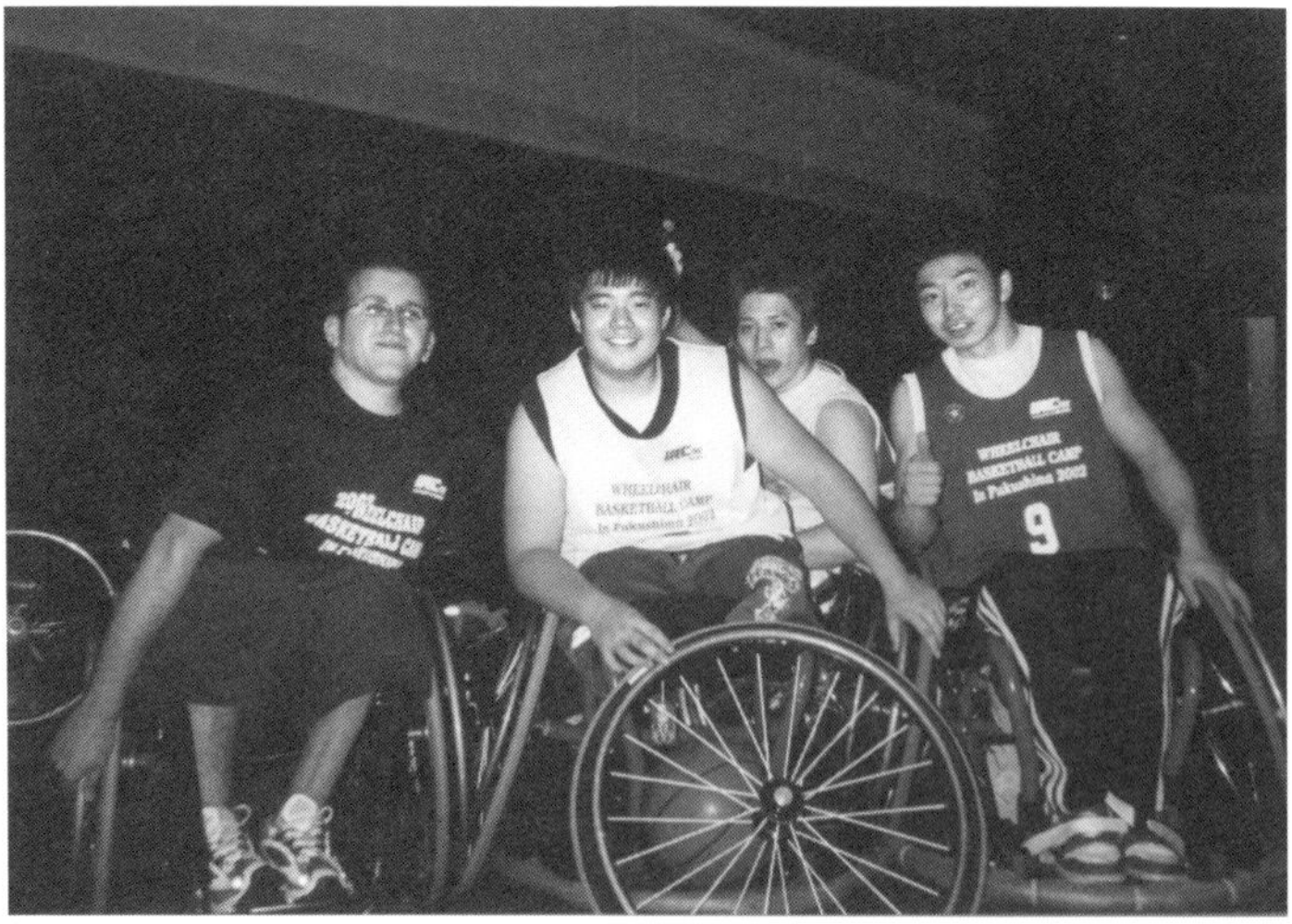

Ｊ《ジェイ》キャンプで出会った仲間たちと。左から２番目が宏昭《ひろあき》。

中学3年生。最年少《さいねんしょう》で参加《さんか》したイリノイ・ジュニアエリートキャンプで。一番左が宏昭《ひろあき》。

世界で認《みと》められる選手《せんしゅ》とは？

宏昭《ひろあき》には、あこがれの車いすバスケットボール選手《せんしゅ》がいました。イリノイ大学の学生で、車いすバスケの世界的《せかいてき》プレーヤーのカナダ人、パトリック・アンダーソン選手《せんしゅ》です。

アンダーソン選手《せんしゅ》の試合中《しあいちゅう》の動きには無駄《むだ》がないばかりか、車いすと自身とボールが一体化して、美しいとさえ思わせるほどです。

宏昭《ひろあき》が目標《もくひょう》とする「世界で認《みと》められる選手《せんしゅ》」とは、アンダーソン選手《せんしゅ》のように、高度なテクニックとスピードを持ち、柔軟《じゅうなん》な動きで正確《せいかく》にパスやシュートを決める選手《せんしゅ》のことでした。

「ぼくも、ああいうプレーがしたい！」

そのためには、やはり、マイクコーチが声をかけてくれたように、イリノイ大学のチームに入って、世界の舞台《ぶたい》で通用するための練習をするのが一番です。しかし、宏昭《ひろあき》の頭には、たくさんの不安《ふあん》が浮《う》かびあがってきました。

（だけど、アメリカは遠いし、英語《えいご》は話せないし……。行ったとしても、生活していけるんだろうか？）

考えても気がかりはぬぐえません。

（マイクコーチも、「高校を卒業《そつぎょう》してから」っていってくれたんだ、とにかく、今いる場所でがんばろう。）

不安《ふあん》を打ち消すように、宏昭《ひろあき》は毎日の練習を重《かさ》ね、ひとつひとつの試合《しあい》を、せいいっぱいこなしていきました。

宏昭《ひろあき》は、まだ中学生ながら大人《おとな》に混《ま》じって、クラブチーム・千葉《ちば》ホークスの一員として公式戦《こうしきせん》にも出場し活躍《かつやく》していたこともあり、いろいろな小・中学校によばれて、実技《じつぎ》や講演《こうえん》などもこなしていました。自分の通う中学校でも、講演《こうえん》をたのまれることがありました。

ある日、学校内で宏昭《ひろあき》の車いすがパンクさせられるという事件が起きました。

パンクさせてしまったのは、宏昭《ひろあき》がよく知っている級友でした。活躍《かつやく》する宏昭《ひろあき》を見て、ついいじわるをしてしまったのかもしれません。

（いつも、ぼくの車いすを押《お》してくれたり、おとうと3人でキャッチボールして遊んだりした仲なのに……。）

友だちにパンクさせられた、という事実は、宏昭《ひろあき》にとってはかなりショックでした。

しかし、（どうして、あいつが？）と考えているうちに、はっと気がついたのです。

（あいつは、大好《だいす》きな野球を毎日いっしょうけんめいに練習していた。それは、ぼくの車いすバスケと同じだ。でも、あれだけがんばったのに、レギュラーがとれなかったんだよな。だけど、ぼくは、こうして活躍《かつやく》できている。）

宏昭《ひろあき》は、自分がその友だちの立場だったら、どんな気持ちになるだろう？と考えてみました。

（もしかしたら、ぼくだって、同じことをしたかもしれない。）

その晩《ばん》のことです。

「ヒロ、久《ひさ》しぶりに、風呂《ふろ》、いっしょに入るか。」

お父さんからさそわれました。

お父さんと重要《じゅうよう》なことを話し合ったりするときは、いつも風呂場《ふろば》だったので、宏昭《ひろあき》は、(パンク事件のことだな。)と感じていました。

「ヒロ、あの子のことなんだけど……。」

お父さんは、自分の体を洗《あら》いながら、わざと何気《なにげ》ないように話しはじめます。

やはりパンク事件のことのようですが、宏昭《ひろあき》も何でもない顔で湯船《ゆぶね》につかっていました。

「今後、あの子とは……、」

お父さんは、車いすをパンクさせた友人とは、もうつきあうな、というつもりなのでしょう。

そこで、宏昭《ひろあき》はさえぎるように、こういいました。

「許《ゆる》すから。」

宏昭《ひろあき》は、両手でさっと顔をぬぐいました。

もう、お父さんは何もいいませんでした。

宏昭《ひろあき》のことばを聞いたお父さんは、心のなかで、（ずいぶん、大人《おとな》になったな。）と感心していたのでした。

マイクコーチと。

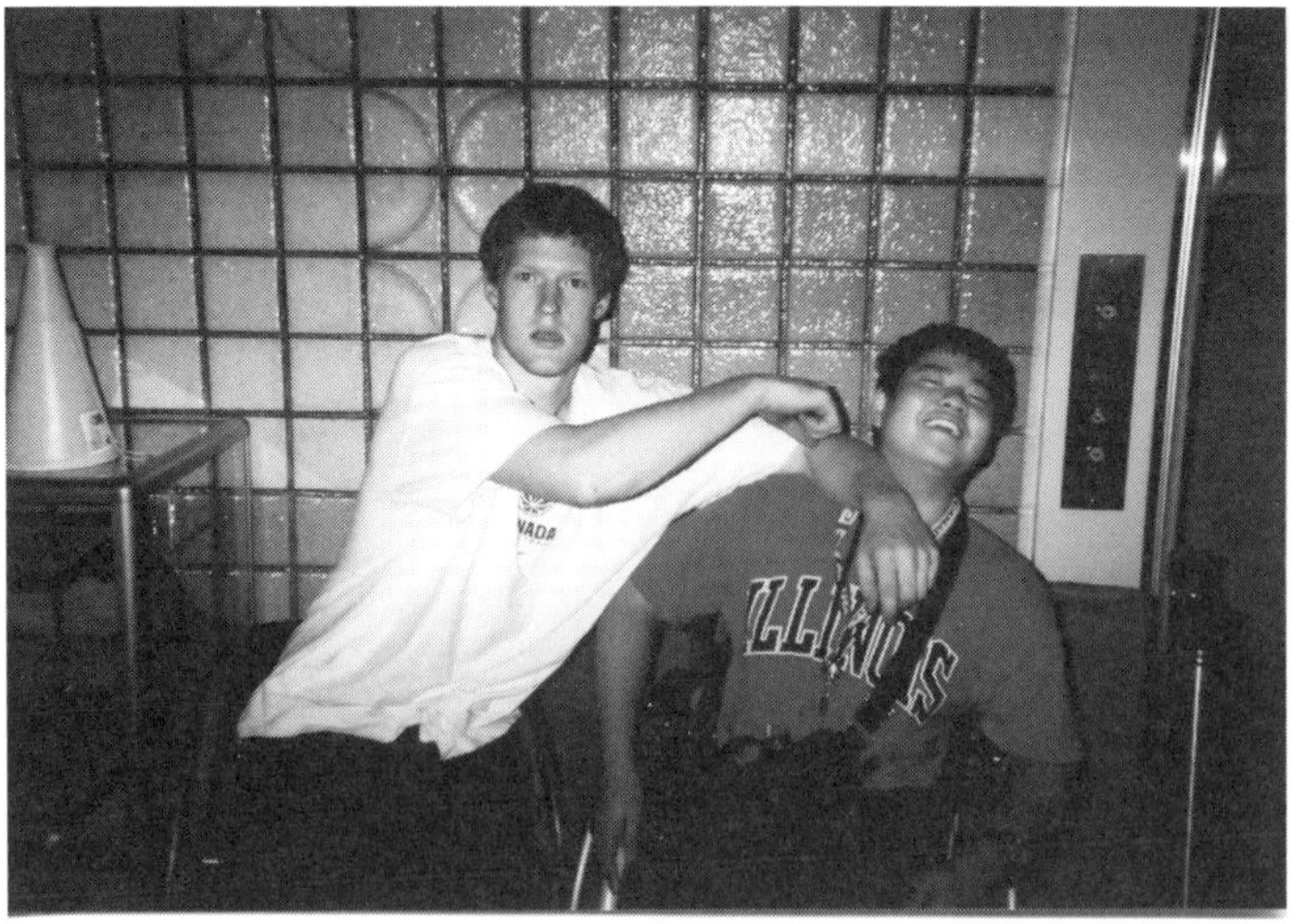

あこがれのパトリック選手《せんしゅ》と。

第3章

目《もく》標《ひょう》に向かって～高校時代～

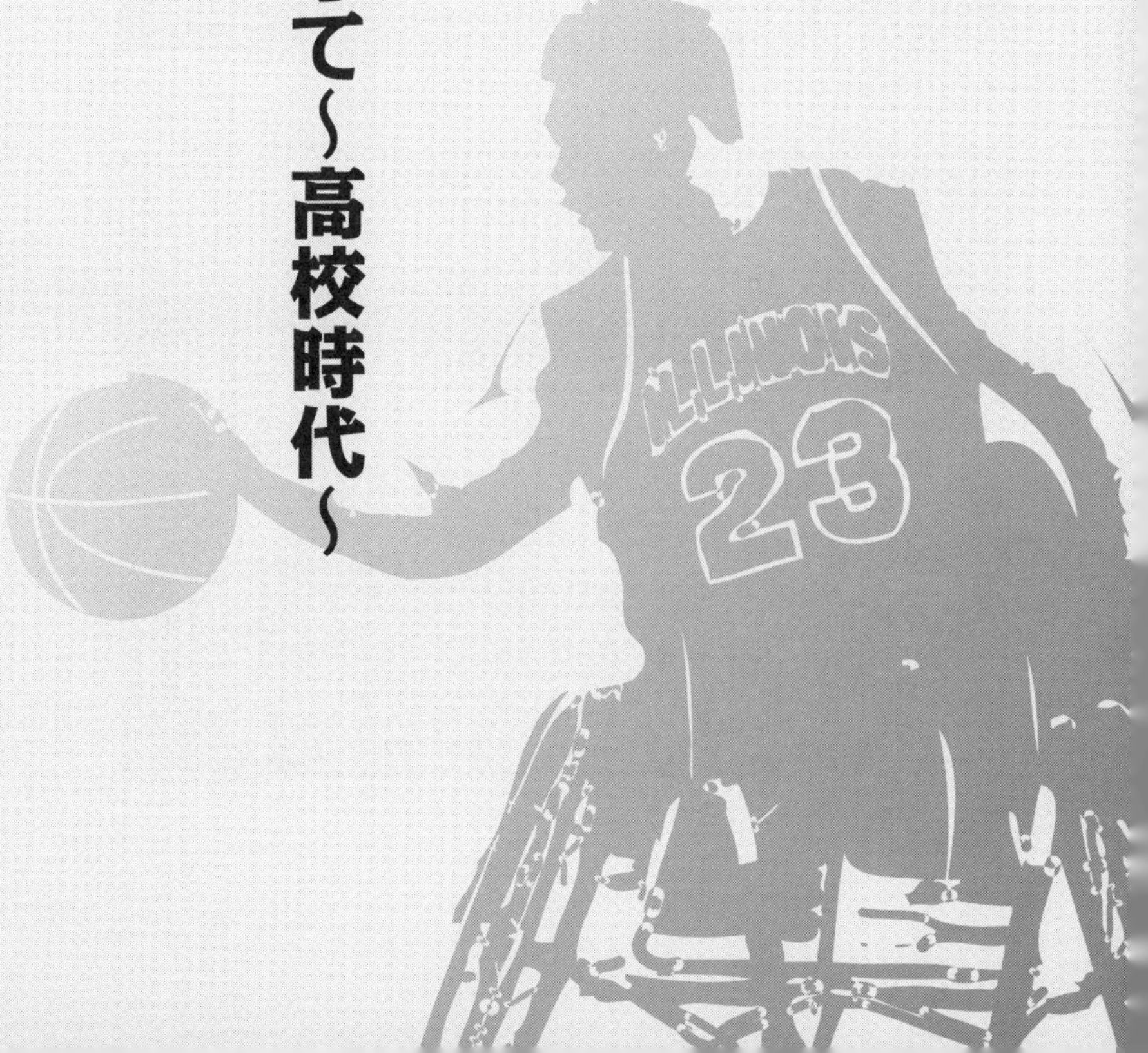

車いすバスケ一色の高校時代

2004年、千葉《ちば》県立若松《わかまつ》高校に入学した宏昭《ひろあき》は、学校の授業以外《じゅぎょういがい》は、ほとんど車いすバスケのために時間をさいていました。塾《じゅく》にも通うひまもなく、学校の成績《せいせき》は、ちょうどまんなかくらいでした。

しかし、車いすバスケでは、日々《ひび》の練習の成果《せいか》が現《あら》われていました。千葉《ちば》ホークスでは、ポジションはフォワード。チームをリードしながら、ゴールへ攻《せ》めこんでいく役割《やくわり》です。

また、2004年11月の「北九州《きたきゅうしゅう》チャレンジカップ」からは、全日本代表にも選《えら》ばれて、日本選手権《せんしゅけん》では、2度もMVP《エムブイピー》にかがやきました。

日本選手権《せんしゅけん》、試合前《しあいまえ》の
ウォームアップ中。

シュートを決めようと、
手をあげる宏昭《ひろあき》。

日本選手権《せんしゅけん》で、表彰状《ひょうしょうじょう》を受けとる。

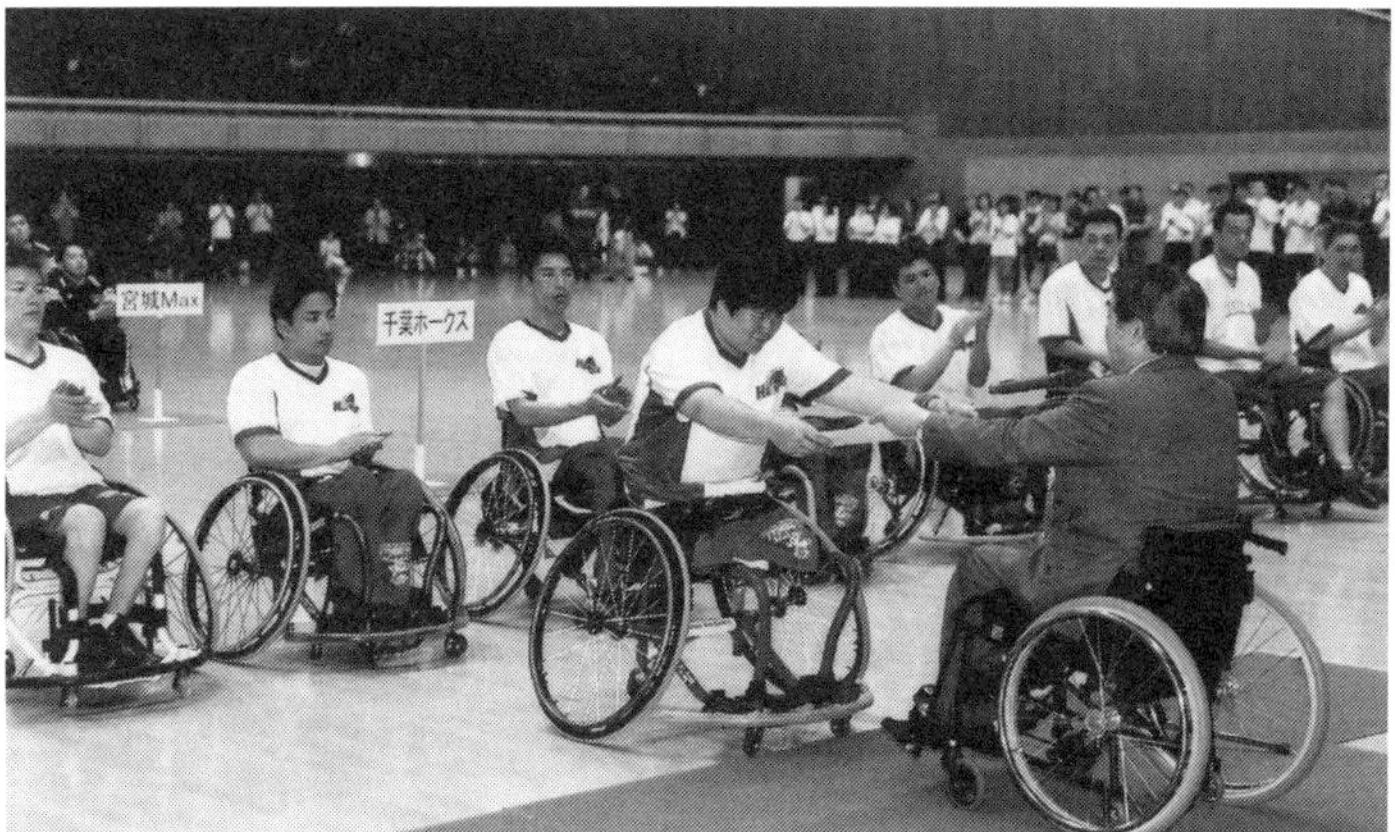

全日本代表に選《えら》ばれて、北九州《きたきゅうしゅう》チャレンジカップに出場。

いつかアンダーソン選手《せんしゅ》のように

高校1年生で、全日本の代表として、「大阪《おおさか》チャレンジカップ」に出場したときのことです。

カナダ代表のメンバーのなかに、あこがれのパトリック・アンダーソン選《せん》手《しゅ》がいました。アンダーソン選手《せんしゅ》とは、4年前、北九州《きたきゅうしゅう》の世界選手権《せんしゅけん》のとき、通訳《つうやく》の人を通して知り合いになっていました。

日本チームの試合《しあい》が終わったとき、わざわざアンダーソン選手《せんしゅ》が、宏昭《ひろあき》のところにやってきました。

「ヒロ、外からのシュートはいいけど、もっとインサイドに攻《せ》めていかなくちゃ。」

通訳《つうやく》の人を介《かい》してでしたが、じっと宏昭《ひろあき》の目を見て、アドバイスしてくれたのです。

そのときの試合《しあい》は、たしかに、なかなか内側《うちがわ》に切りこんでいってシュートすることができませんでした。固《かた》いガードを打ちやぶるタイミングをつかめなくて、外側《そとがわ》をぐるぐるまわって、シュートをしていました。

「ぼくが逃《に》げていたことを見ぬいていたんだね。」

宏昭《ひろあき》が頭をかくと、アンダーソン選手《せんしゅ》はさらに真剣《しんけん》な顔をしました。

「得点《とくてん》をとれるヒロが行かなくて、だれが行くの？」

（……本当にそうだ。）

宏昭《ひろあき》は、消極的《しょうきょくてき》になっていた自分がはずかしくなりました。

「ありがとう、パトリック。これからは、もっとがんがん攻《せ》めるよ。そして、あなたに近づいていくからね。」

アンダーソン選手《せんしゅ》は宏昭《ひろあき》のことばを聞くと、にっこりとしました。ふたりはがっしりと握手《あくしゅ》をかわしました。

アンダーソン選手《せんしゅ》は、今や車いすバスケ界のマイケル・ジョーダン※ともよばれる、世界トップの選手《せんしゅ》です。

（いつかきっと、パトリックのような世界に認《みと》められる選手《せんしゅ》になるんだ。）

そのためにも、アメリカに渡《わた》り、バスケを学んで強くなりたいという気持ちが、宏昭《ひろあき》のなかでふくらんでいきました。

もっと強くなりたい

2005年5月、東京《とうきょう》で開催《かいさい》された「日本車椅子《くるまいす》バスケットボール選手権《せんしゅけん》

※マイケル・ジョーダン…アメリカの元バスケットボール選手《せんしゅ》。15年間の選手《せんしゅ》生活で得点王《とくてんおう》を10回獲得《かくとく》するなどの実績《じっせき》から、バスケットボールの神様《かみさま》といわれている。

大会」では、先頭に立ちシュートを決めていくパワーフォワードとして大活《だいかつ》躍《やく》して、チームを優勝《ゆうしょう》に導《みちび》きました。

こうして宏昭《ひろあき》は、試合《しあい》のたびに大量の得点《とくてん》をあげ、ポイントゲッターとよばれるほどの若手《わかて》のホープになっていました。

それなのに、宏昭《ひろあき》の胸《むね》の内《うち》は、まだまだ満足《まんぞく》できないでいました。

（もっと、技術《ぎじゅつ》の面でも精神面《せいしんめん》でも強くなりたい。）

シュートが決まった瞬間《しゅんかん》は、何よりもうれしくてテンションもあがります。でも、ミスをすると、リズムがくずれて、あせりに変《か》わり、さらにシュートまではずしてしまいます。

（どんなときでも冷静《れいせい》になって基本《きほん》に立ち返り、心から試合《しあい》を楽しめるようにならなくちゃ。）

試合《しあい》を重《かさ》ねるたびに、「世界が認《みと》める選手《せんしゅ》」にはほど遠いことを実感《じっかん》するのでした。

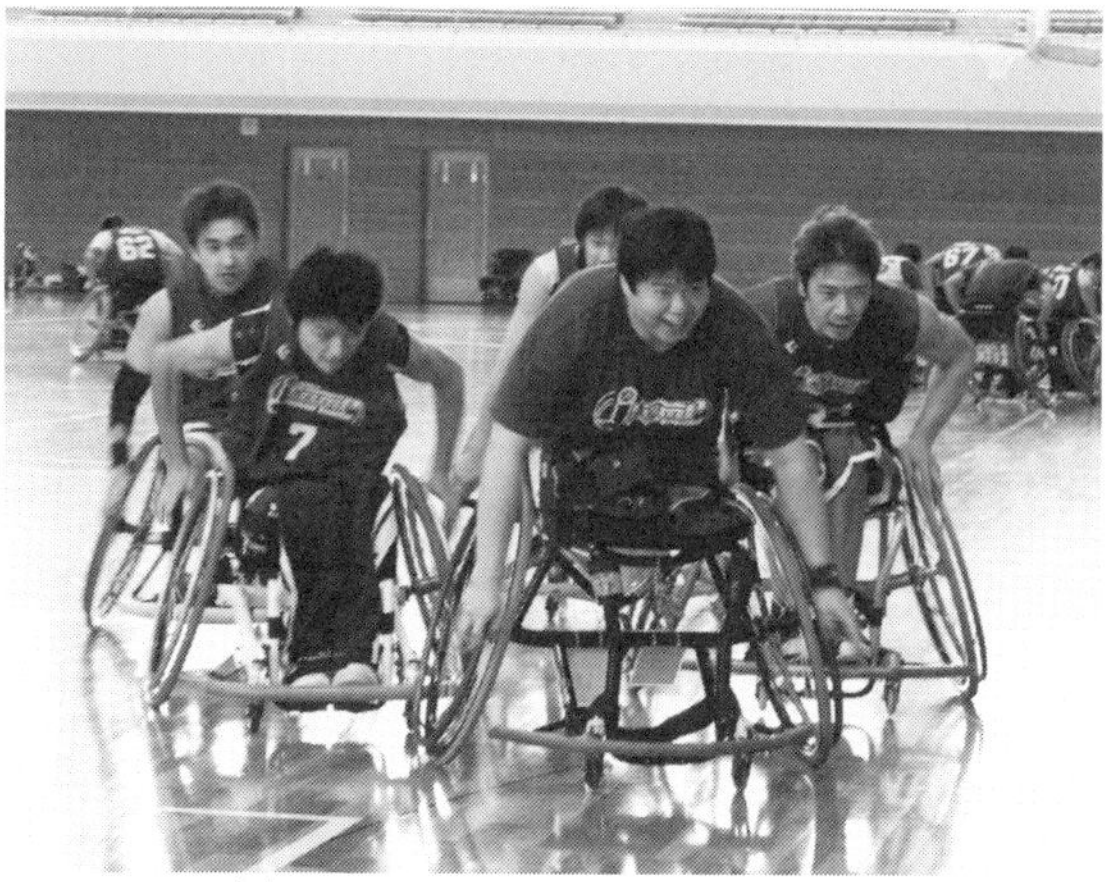

2005年のJ《ジェイ》キャンプ。お手本をみせる宏昭《ひろあき》。

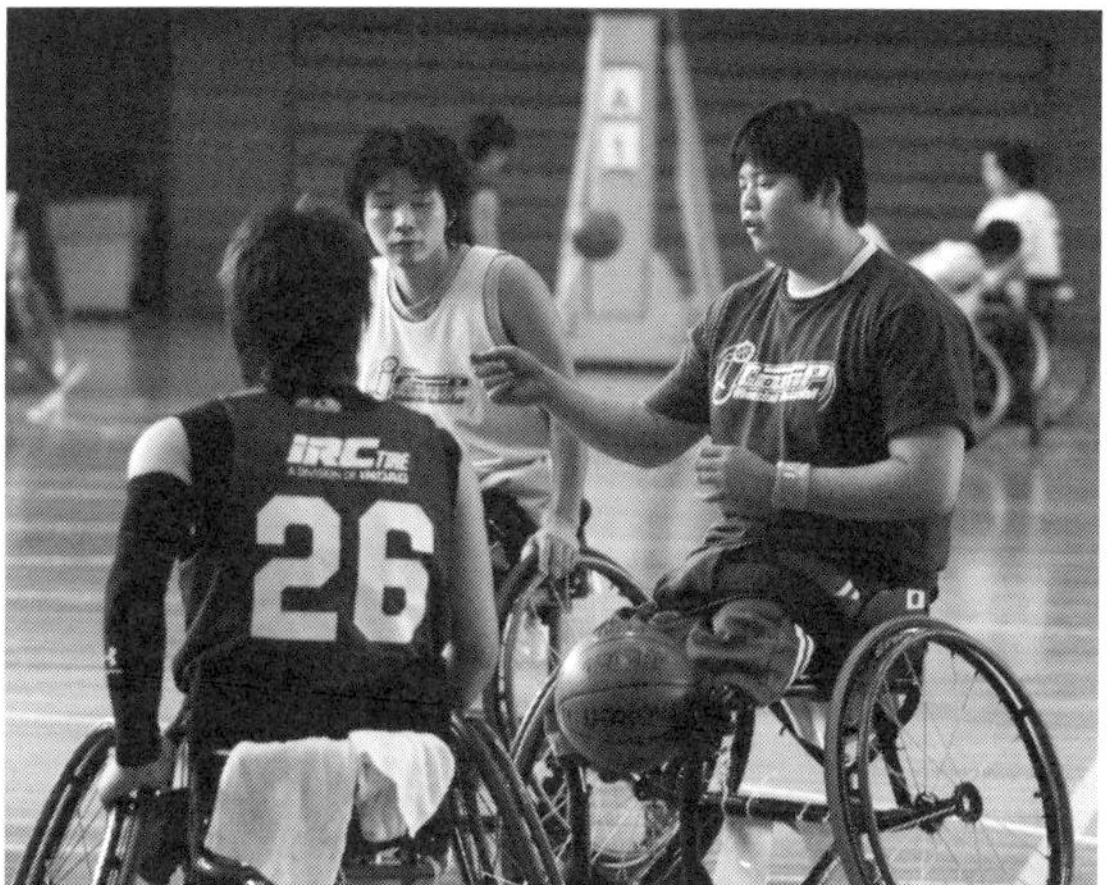

選手《せんしゅ》たちに細かく指導《しどう》する。

イリノイに行く？　行かない？

高校3年生になりました。いよいよ進路を決めなくてはなりません。中学3年生のとき、宏昭《ひろあき》に「イリノイ大学に来ないか？」とさそってくれたマイク・フログリーコーチとは、メールのやりとりが続《つづ》いていました。マイクコーチは、ずっとイリノイ大学への留学《りゅうがく》をすすめてくれています。しかし、知っている人のほとんどいないアメリカの地に、ひとりで行くのは不安《ふあん》でたまりません。

（ことばだって通じないし、食べものも生活習慣《しゅうかん》も全然《ぜんぜん》ちがうんだし……。やっていけるかなあ？）

（このまま、日本で練習してプレーをしていったらどうなるだろう？　その方が安心して成長できる？）

（いやいや、世界で通用する選手《せんしゅ》になるためには、やっぱり一流選手《せんしゅ》を育てたマイクコーチのもとで、トップ選手《せんしゅ》たちと切磋琢磨《せっさたくま》していくことが必要《ひつよう》だから、イリノイに行った方がいい……。）

（だけど、友だちもいないし……。日本にいれば、家族もきっと安心だし、チームのために、もっともっとがんばりたいし……。）

宏昭《ひろあき》の心は、常《つね》にせめぎあいでゆれて、決心がつきません。

そこで、車いすバスケをはじめたころからずっと指導《しどう》してくれている及川《おいかわ》晋平《しんぺい》さんに相談しました。

「イリノイに行きたい気持ちはありますが、経済的《けいざいてき》にも精神的《せいしんてき》にも両親に負《ふ》担《たん》をかけるし、今、チームでも試合《しあい》にたくさん出してもらっているのに、自分がぬけることで、チームにもめいわくがかかるし……。」

宏昭《ひろあき》は、ゆれる気持ちのままを伝えました。

最後《さいご》までじっくりと聞いてくれた及川《おいかわ》さんは、こう口を開きました。

「ヒロは行けない理由ばかりをいっているけど、自分はいったいどうしたいんだい？」

車いすバスケをはじめたばかりのころは、「こう練習をしなさい。」とはっきり道を差《さ》し示《しめ》してくれた及川《おいかわ》さんでしたが、今は高校生の宏昭《ひろあき》を、ひとりの車いすバスケットボールプレーヤーとして認《みと》めてくれています。だからこそ、答えを出すのは、宏昭《ひろあき》自身だと思っての質問《しつもん》でした。

「それは……。」

宏昭《ひろあき》は、車いすバスケをはじめたときの目標《もくひょう》を思い出して、はっとしました。

「世界で認《みと》められるような選手《せんしゅ》になりたいです。」

及川《おいかわ》さんは、宏昭《ひろあき》のことばに、うなずいています。

「このままだと井の中の蛙《かわず》になっちゃうかもしれない。世界に通用するプレーヤーにはなれない……。」

及川《おいかわ》さんは、それで？　という顔で、じっと待ってくれています。こうして、宏昭《ひろあき》の本心をいっしょに探《さぐ》ってくれているのでした。

「ぼくは、やっぱり、及川《おいかわ》さんのように、留学《りゅうがく》して、しっかりと車いすバスケのベーシックを学び、パトリック・アンダーソンのようになりたい。」

「そうか、じゃあ、進むべき道は決まったね。」

「はい！」

及川《おいかわ》さんとのやりとりによって、宏昭《ひろあき》は、自分の心のなかにあるもやもやを整理して、行くべき道を見つけることができました。

（はじめの目標《もくひょう》に向かって進みたい。世界が認《みと》める選手《せんしゅ》になりたい！）

宏昭《ひろあき》は、アメリカに渡《わた》り、イリノイ大学に留学《りゅうがく》する決心をしました。

2005年のＪ《ジェイ》キャンプ。指導中《しどうちゅう》の及川《おいかわ》さん。

コーチたちと打ち合わせをする及川《おいかわ》さん。

第4章

アメリカでの生活

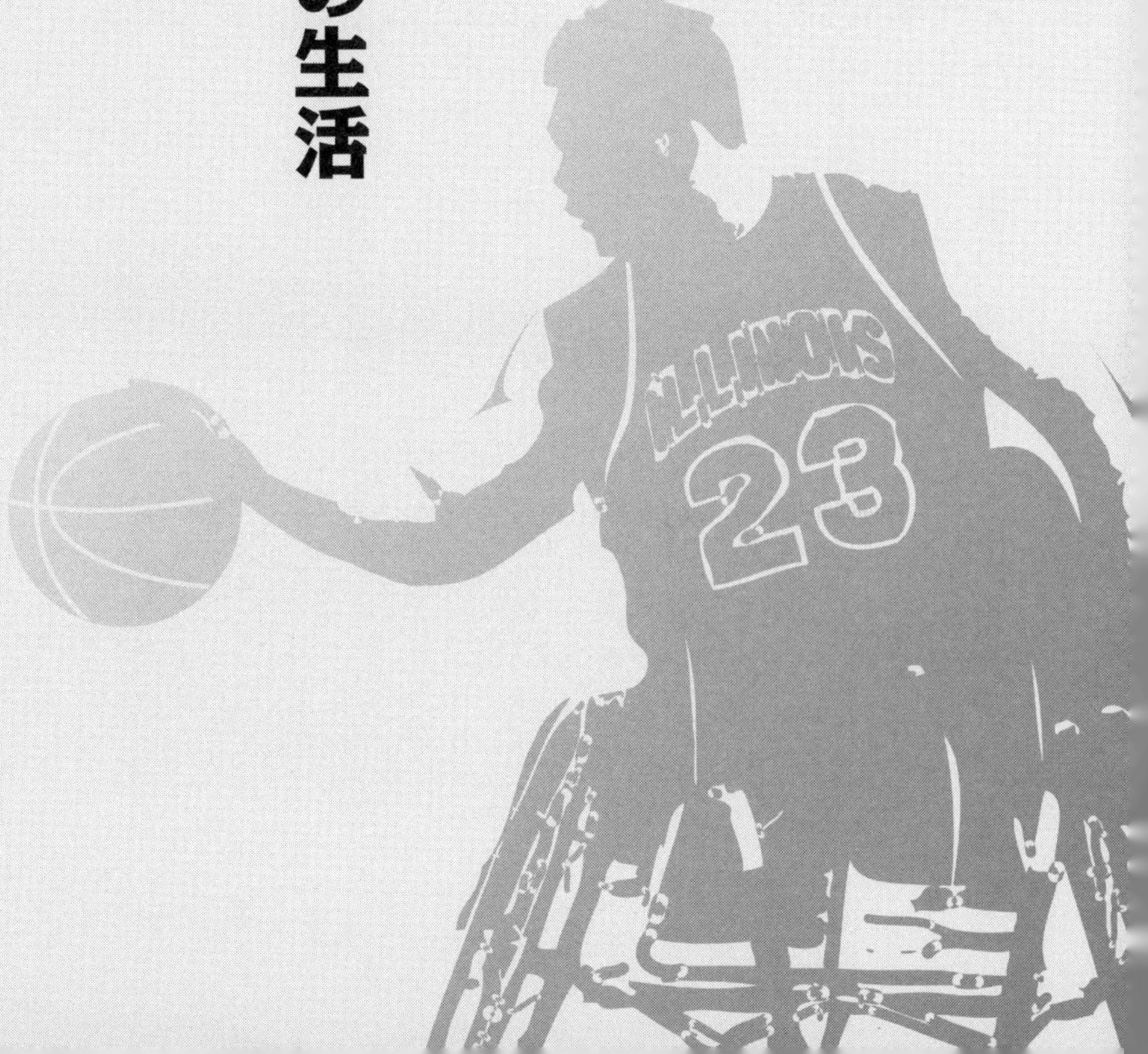

空港での号泣《ごうきゅう》事件

気持ちが定《さだ》まると、イリノイ大学に行く準備《じゅんび》が急ピッチで進みました。

2007年8月。出発が近づいてくると、意気揚々《いきようよう》と向かうはずだった宏《ひろ》昭《あき》の心のなかは、急に複雑《ふくざつ》になっていきました。

イリノイ大学行きは決意したものの、入学試験《しけん》に合格《ごうかく》しなければ正式な大学生にはなれません。あたりまえですが、試験《しけん》問題は、すべて英語《えいご》です。その問題に合格《ごうかく》して入学の許可《きょか》をもらうまでは、英語《えいご》を徹底的《てっていてき》に勉強しながら、バスケットボールの練習にはげむのです。

正式に入学しなければ選手《せんしゅ》の資格《しかく》も得《え》られないので、練習はできても試合《しあい》には出られません。

（知らない土地と知らない人のなかで、生活して勉強して……、それに、本当に合格《ごうかく》できるんだろうか?)

またまた心配ごとが、波のようにおそってきたのです。

出発までの2、3週間前から、食事があまりのどを通らなくなり、体重も減《へ》ってきてしまいました。

不安《ふあん》な気持ちのまま、時間だけがどんどん過《す》ぎていき、いよいよ日本をはなれる日がきました。

家族や及川《おいかわ》さん夫妻《ふさい》、千葉《ちば》ホークスの仲間たちが、空港まで見送りに来てくれました。

「ヒロ、がんばれ!」

「体こわさないように!」

「ハンバーガーばっかり食べていちゃだめよ。」

「お守り、ちゃんと持った?」

「毎日、ヒロがぶじでいられるようにおいのりしてるよ。」

「ヒロが、試験《しけん》に合格《ごうかく》しますように！」

優《やさ》しいはげましのことばをかけられればかけられるほど、未知《みち》の世界に飛《と》びこむことがこわくてしかたなくなってきます。

お母さんが、目に涙《なみだ》を浮《う》かべています。

お父さんが、宏昭《ひろあき》の目をじっと見て、大きくうなずいたときです。せき止めていた川が流れでるように、宏昭《ひろあき》の目から涙《なみだ》があふれてきました。

「うっ、うっ、うっ。」

涙《なみだ》もおえつも、もう止まりません。

宏昭《ひろあき》は、手をふる人びとに背《せ》を向けると、大きな肩《かた》でしゃくりあげながら、声をあげて搭乗口《とうじょうぐち》に入っていきました。

（なんだよ、18歳《さい》にもなって。もう大人《おとな》じゃないか、なんで涙《なみだ》が止まらないんだよ――。）

はずかしさも何もかも忘《わす》れて、大泣《おおな》きしたこの日のことは、見送りに来ただれもが、いえ、当の本人が一生忘《わす》れられないできごととなりました。

しかし、この涙《なみだ》がおさまり、イリノイ州シャンペーン空港に着くころには、少しだけ気持ちが晴れやかになっていました。子どものように大泣《おおな》きしたおかげで、肝《きも》がすわったのかもしれません。

イリノイでのスタート

イリノイでの生活がはじまりました。

一番こまったのは、やはりことばが通じないことでした。

チームに日本人は、アシスタントコーチとふたりの選手《せんしゅ》がいましたが、マ

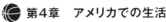

イクコーチは、宏昭《ひろあき》に「日本語禁止令《きんしれい》」を出しました。なんとしても、英語《えいご》で聞きとり、英語《えいご》で会話しなくてはなりません。

中学高校時代、英語《えいご》は得意《とくい》なほうではありませんでした。勉強は、そんなに好《す》きではなかったのです。それなのに、英語《えいご》の問題集を解《と》きながら、入試《にゅうし》の勉強もしなければなりません。

バスケの練習時間だけが、唯一《ゆいいつ》楽しいひとときでした。

チームメイトも、宏昭《ひろあき》が理解《りかい》できるまで、やさしくゆっくり話してくれます。バスケのルールは世界共通ですし、アメリカ代表にもなるほどのレベルの高い選手《せんしゅ》とも、練習もゲームもともにすることができました。

しかし、入学がまだ許可《きょか》されていない宏昭《ひろあき》は、チームメイトとともに正式な試合《しあい》には出ることができずに、いつも応援《おうえん》ばかり。

「ああ、早くいっしょに試合《しあい》に出たい！」

そう願《ねが》いながら、イリノイに来て1年が過《す》ぎようとしていたころ。耳の穴《あな》が開かれていくように、英語《えいご》のリスニング（聞きとり）ができるようになってきました。

相手のいうことがわかるようになる、ということは、相手の不満《ふまん》や文句《もんく》も聞こえるようになるということです。

たとえば、バスケのゲームの練習中に、パスしたい仲間がいい位置《いち》に移動《いどう》してくれなくて、相手チームにボールをとられた場面。仲間は英語《えいご》で、宏昭《ひろあき》に文句《もんく》をいってきました。

「もっとよく見てパスしろよ！」

それを聞いた宏昭《ひろあき》は、「はあ？」という顔で、

「あなたがちゃんととりに動いてくれなかったからでしょう。もっとすばやく対応《たいおう》してよ。」

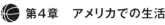

と、いいかえそうとします。しかし、うまくことばが出てこなくて、相手にはとうとう通じなかった、ということがよくありました。

「うう、ちゃんと聞きとれるのに、こっちの気持ちが伝わらない！」

もどかしい思いが続《つづ》き、ストレスがたまっていきました。

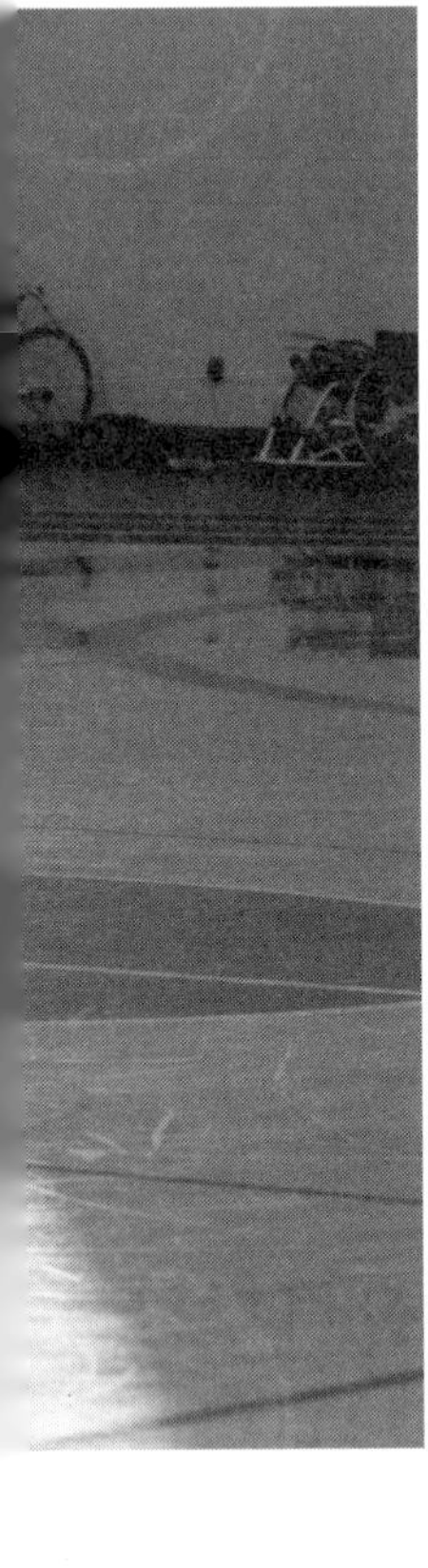

イリノイ大学の練習場にて。

はじめてのパラリンピック

そんなときに、北京《ペキン》パラリンピックがありました。宏昭《ひろあき》は、男子車いすバスケットボールの日本代表に選《えら》ばれ、はじめてパラリンピックに出場しました。

2008年8月。超満員《ちょうまんいん》のスタジアムで試合《しあい》ははじまりました。大歓声《だいかんせい》と、大観衆《だいかんしゅう》の熱気《ねっき》。この1年、イリノイ大学の体育館で、仲間と練習試合《じあい》ばかりをしていた宏昭《ひろあき》にとっては、こんな大舞台《おおぶたい》で試合《しあい》をすること自体はじめてです。

心臓《しんぞう》がばくばくしてきます。頭のなかはまっ白になっていきます。ウォーミングアップのときから、自分が自分でないような感覚《かんかく》で、そのまま試合《しあい》がはじまりました。

イリノイではじめた基礎《きそ》づくりやトレーニングが、英語《えいご》と同じように、まだ自分の頭や体に染《し》みついていない状態《じょうたい》で、とつぜん大きな舞台《ぶたい》に、どんっと背中《せなか》を押《お》し出《だ》された感覚《かんかく》です。舞《ま》いあがってしまって、まったく思うように体が動きません。あせればあせるほど、冷静《れいせい》な判断《はんだん》ができずに、あっというまにゲームセットになってしまいました。

何がなんだかわからないうちに、北京《ペキン》パラリンピックは終わりました。日本チームは、12チーム中7位《い》。チームでめざしていたベスト4《フォー》には、ほど遠い結果《けっか》となりました。

晴れて大学生になって

「このままじゃだめだ。何のために、イリノイまで来たんだ⁉」

宏昭《ひろあき》は、自分に強く問いかけました。

（まず、英語《えいご》をしっかりと身につけて、正式にイリノイ大の学生にならなくては！）

アメリカにもどると、これまで以上《いじょう》に勉強にはげみました。ことばも、聞きとるだけではなく、自分のことばで話して、通じるように努力《どりょく》しました。

バスケの練習以外《いがい》は、ほとんどの時間を勉強にあてました。早朝から体育館で朝練が終わるとすぐ授業《じゅぎょう》に行き、終わると筋《きん》トレをしてから今度は図書館で猛勉強《もうべんきょう》……。そんな毎日が続《つづ》きました。

そして、2010年1月、ついにイリノイ大学の入学試験《しけん》を通り、入学が認《みと》められました。宏昭《ひろあき》がアメリカに渡《わた》って、2年半が過《す》ぎていました。

見習いの期間が過《す》ぎて、晴れて一人前《いちにんまえ》になったようなものです。これからは、イリノイ大学チームのメンバーとして、マイクヘッドコーチの指導《しどう》のもと、大会にもどんどん出場できます。

ことばの壁《かべ》もいつの間にか越《こ》え、チームメイトや、同じ大学の仲間とも会話を楽しめるようになってきました。大学の広い敷地内《しきちない》にある芝生《しばふ》に寝転《ねころ》がったり、英語《えいご》で歴史《れきし》などを学んだりして、ディスカッションもできるのです。

ルームメイトのアメリカ人・アーロンとは、たまにバーベキューグリルでお肉を焼いて食べたり、アジア料理の店にお寿司《すし》を食べに行ったりしました。

アーロンはミネソタ州出身で、車いすバスケットボールのチームメイトです。

卒業後《そつぎょうご》は、マラソンをはじめ、車いすランナーとして活躍《かつやく》し、のちに、リオパラリンピックの選手村《せんしゅむら》でうれしい再会《さいかい》を果《は》たすことになります。

アーロンたちと、お肉をほおばりながら、

（キャンパスライフって、けっこう楽しいなあ。）

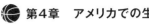

と、宏昭《ひろあき》は実感《じっかん》していました。

イリノイ大学の学生として講義《こうぎ》を受けながら、バスケの練習をする毎日は、きびしいけれど楽しく、宏昭《ひろあき》は毎日、生き生きと過《す》ごしていました。

ロンドンパラリンピックをめざして

２０１１年6月から、宏昭《ひろあき》は、翌年開催《よくとしかいさい》のロンドンパラリンピック出場をめざす日本代表候補者《こうほしゃ》として、日本での合宿に合流しました。大学はちょうど夏休みでした。

世界のそれぞれの地域《ちいき》の勝者がパラリンピックに出場できるのですが、日本チームはアジア・オセアニア地域《ちいき》での予選通過《よせんつうか》をめざします。アジア・オセアニアでは、オーストラリア、日本、韓国《かんこく》、台湾《たいわん》、イラク、ニュージーランドの6か国のなかから、上位《じょうい》2チームだけがロンドンパラリンピックへのきっぷを手に入れるのです。

予選《よせん》で、日本チームはイラク、台湾《たいわん》、ニュージーランドに勝ち、最後《さいご》に北《ぺ》京《キン》パラリンピック金メダリストのオーストラリアと対戦《たいせん》しました。

結果《けっか》は大差《たいさ》で敗《やぶ》れました。オーストラリアは、車いすバスケの王者にふさわしく、スピードもパワーもありました。そのプレーにただただ圧倒《あっとう》されるばかりでした。

(世界が認《みと》めるプレーって、こういうことなんだなあ。)

宏昭《ひろあき》は、自分たち日本チームの実力がまだまだであることを実感《じっかん》しました。

オーストラリアは全勝で、1位通過《いつうか》を決めました。

さあ、パラリンピックへのきっぷはあと1枚しか残《のこ》っていません。

日本チームは、アジア最大《さいだい》のライバル、韓国《かんこく》との一騎打《いっきう》ちです。

車いすバスケの競技《きょうぎ》時間は、一般《いっぱん》のバスケットボールと同じです。短《みじか》い休憩《けい》（2分のインターバルと10分から15分のハーフタイム）をはさんで、10分間の競技《きょうぎ》（ピリオド）を4回おこないます。

試合開始《しあいかいし》の第1クォーターから、シーソーゲームが続《つづ》きます。

第4クォーターの残《のこ》り15秒あたりで、日本が逆転《ぎゃくてん》に成功《せいこう》。会場は、日の丸の旗《はた》がふられ、大歓声《だいかんせい》が起きました。

「守りきろう！」

アシスタントコーチの及川《おいかわ》さんの声がコートにひびいてきました。

（よし、勝つぞ。）

宏昭《ひろあき》がそう思った瞬間《しゅんかん》、ホイッスルが鳴りました。残《のこ》り0・3秒でファールをとられてしまったのです。相手のフリースローとなります。

「わぁーーー！」

今度は、観客席《かんきゃくせき》で韓国《かんこく》の国旗《こっき》が激《はげ》しくふられました。韓国《かんこく》チームは、まるで勝ったかのように大喜《おおよろこ》びです。

宏昭《ひろあき》は、切れそうになる集中の糸を必死《ひっし》で押《お》さえました。

（まだ終わりじゃない。）

けれども、もうこちらからの攻撃《こうげき》の時間は残《のこ》されていません。いのる気持ちで、フリースローの行方《ゆくえ》を見つめます。

1本目が外《はず》れました。

（これで負けはない。）

しかし、次が入ったら同点。延長戦《えんちょうせん》はのがれられません。

（神様《かみさま》！）

外《はず》れました。2本目が外《はず》れてすぐに、タイムアップのホイッスルがひびきました。

「よかった！」

「やった！」

日本チームのロンドンパラリンピック出場が決まりました。

はりつめていた気持ちがプツンと切れて、汗《あせ》と涙《なみだ》で宏昭《ひろあき》の目の前の景色《けしき》がにじんでいきました。

原因《げんいん》は、何だろう？

ロンドンパラリンピック本戦《ほんせん》がはじまりました。

本戦《ほんせん》に出場するチームは、どの国もオーストラリアのように、技術《ぎじゅつ》もパワーもあふれています。

韓国《かんこく》と接戦《せっせん》の末《すえ》、ようやく勝ちとった出場権《しゅつじょうけん》でしたが、はじまってみれば、日本チームは、世界の壁《かべ》の前に、あっけなく敗退《はいたい》してしまったのです。結果《けっか》は、北京《ペキン》パラリンピックのときよりランクが下がり、12チーム中9位《い》。

「負けた原因《げんいん》はなんだと思う?」

宏昭《ひろあき》は、及川《おいかわ》コーチと話しました。

「チームワークはだいじだけど、その前に、ロンドンに向けて、ひとりひとりが完璧《かんぺき》に仕上げてきただろうか?」

宏昭《ひろあき》は、そう答えながら、自分自身のことをふり返っていました。大学生活は充実《じゅうじつ》していましたが、バスケの練習や自身の体力トレーニングは完璧《かんぺき》にやってきただろうか?　と自分に問いかけてみたのです。

すると、あんなにめざしていたロンドンパラリンピックに向けて、きちんと調整《ちょうせい》ができていなかったことを痛感《つうかん》したのでした。

チームでがんばる

オリンピック・パラリンピックは4年に1度です。それをめざすアスリートたちは、4年かけてすべてを注《そそ》ぎこみ、やっとその日をむかえます。しかし、できるかぎりの努力《どりょく》をしても、もちろん結果《けっか》はさまざまです。終わったときには、反省点《はんせいてん》や達成感《たっせいかん》、次への希望《きぼう》など、いろいろな思いがわきあがってくるものです。

ところが、北京《ペキン》パラリンピックを経験《けいけん》し、ロンドンパラリンピックを終えた宏昭《ひろあき》には、くやしい気持ちしか残《のこ》りませんでした。

「リオパラリンピックに向けて、自分をもっともっと成長させなくては。」

という意欲《いよく》とともに、再《ふたた》び歩きだす決意をしました。

（今、自分がやらなければならないことから、ていねいに挑戦《ちょうせん》して、積《つ》みあげていこう。）

そう考えたとき、宏昭《ひろあき》は、ふたつの課題《かだい》を見つけました。

ひとつ目は、「大学のチームで、自分らしく成果《せいか》をあげること。」

ふたつ目は、「大学で受けた授業《じゅぎょう》の、すべての単位《たんい》※をとり、卒業《そつぎょう》すること。」

この課題《かだい》をやりとげるために、心新たに、がんばることにしました。

まずは、ひとつ目の課題《かだい》についてです。

宏昭《ひろあき》にとって、バスケチームの練習に休まず参加《さんか》することはあたりまえですが、加《くわ》えて自分の体づくりにも力を入れました。

※単位《たんい》…高校や大学の、進級や卒業《そつぎょう》のために必要《ひつよう》な学習量を測《はか》る基準《きじゅん》。

大学のトレーニングジムで筋《きん》トレをするたびに、バスケをはじめたばかりのころ、及川《おいかわ》さんに腕立《うでた》てや腹筋《ふっきん》、背筋《はいきん》のメニューを増《ふ》やしていくことを提《てい》案《あん》され、いつのまにか100回以上《いじょう》もやっていたことを思い出していました。

（晋平《しんぺい》さんは、ストップかけるのを忘《わす》れてた、なんていってたけど、あのトレーニングは、コツコツと積《つ》み重《かさ》ねる習慣性《しゅうかんせい》を身につけさせてくれた。おかげで、基本《きほん》の体づくりができたばかりか、車いすバスケのベーシックを早く身につけることができたんだ。）

チームでは、マイクコーチから、車いすバスケットボールの基礎《きそ》を、さらに徹底的《てっていてき》に学びました。

また、チームメイトには、アメリカ代表のスティーブ・セリオ選手《せんしゅ》をはじめとして、レベルの高い選手《せんしゅ》がたくさん在籍《ざいせき》していたため、彼《かれ》らと練習やゲームをともにすることで、大きく成長していきました。

2013年イリノイで。試合前《しあいまえ》に仲よしのチームメイト、ニックと。

試合《しあい》直前、円陣《えんじん》を組んでチームメイトに声をかける宏昭《ひろあき》。

試合《しあい》開始。ボールをうばい、ゴールをめざす。

MVP《エムブイピー》の表彰盾《ひょうしょうたて》を手に、笑顔《えがお》の宏昭《ひろあき》。

チームで切磋琢磨《せっさたくま》した宏昭《ひろあき》は、イリノイ大学チームメンバーとして戦《たたか》った全米大学選手権《せんしゅけん》では、卒業《そつぎょう》するまでに2年連続《れんぞく》、リーグシーズンMVP《エムブイピー》※にかがやきました。

2年半遅《おく》れて正式に入学したので、同年代のチームメイトは先に卒業《そつぎょう》していきました。結果《けっか》、同期では、宏昭《ひろあき》が一番年上となり、大学3年生になると、キャプテンとしてチームをリードする役目を担《にな》っていきました。

千葉《ちば》ホークスでは、つねに最年少《さいねんしょう》で、先輩《せんぱい》たちに教わっていた宏昭《ひろあき》だったのですが、ここでは、立場が逆《ぎゃく》です。

年下の選手《せんしゅ》をまとめて、引っぱっていかなければなりません。

「ヒロらしいやり方、考え方で、リードすればいいんだよ。」

マイクコーチは、いつもそういって、肩《かた》をたたいてくれます。

宏昭《ひろあき》は、今まで自分が学んできた車いすバスケのベーシックを、選手《せんしゅ》たちにていねいに教えながら、キャプテンとしてリードしていきました。

「チャレンジした結果《けっか》なら、ミスをしてもいいんだよ！　むしろ、のびのびとチャレンジしていこう！」

ミスをこわがって消極的《しょうきょくてき》になっていた1、2年生に対して、キャプテンの宏昭《ひろあき》はエールを送ります。チームの心をひとつにするキーワードは、「ミスをおそれず、チャレンジ（挑戦《ちょうせん》）すること」と決めました。

※MVP《エムブイピー》…競技中《きょうぎちゅう》、最《もっと》も活躍《かつやく》をした選手《せんしゅ》として表彰《ひょうしょう》されること。

その結果《けっか》、全米大学選手権《せんしゅけん》で、今まで負けてばかりいたチームに勝つことができたのです。

リーグ戦、第1シード※のテキサス大学・アーリントン校に、第4シードの宏昭《ひろあき》たちイリノイ大学がはじめて勝ち、準優勝《じゅんゆうしょう》にかがやきました。

ことばも、肌《はだ》や髪《かみ》の色もちがうチームメイト。でも、ともに汗《あせ》をかいて、笑《わら》いあったりくやしくて涙《なみだ》をこぼしたりする仲間です。たがいを思いやりながら、ライバルとして競《きそ》いあい、成長していく、かけがえのない仲間です。

そんな仲間と過《す》ごしながら、宏昭《ひろあき》はつくづく思うことがありました。

（進路を決めるとき、不安《ふあん》でしかたなかったけど、思いきって、イリノイ留《りゅう》学《がく》を決心して本当によかった！）

※シード…トーナメント方式の競技《きょうぎ》で有力チームが1回戦で対戦《たいせん》しないように、組み合わせを調整するのがシード。最《もっと》も強いチームは第1シードとなる。

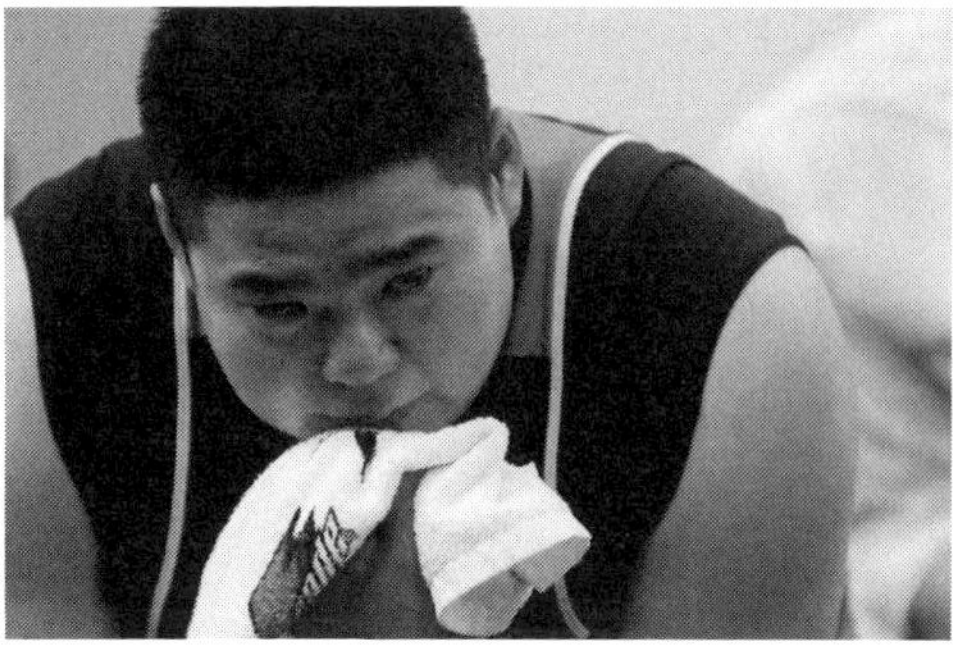

大学最後《さいご》の試合後《しあいご》、思わず涙《なみだ》。

宏昭《ひろあき》にアメリカ留学《りゅうがく》を強くすすめてくれた、マイクコーチと肩《かた》を組んで。

2013年イリノイ。試合《しあい》中にシャウト。

卒業《そつぎょう》に向けて

ふたつ目の課題《かだい》についても、まじめにとりくみました。勉強はあまり好《す》きでない宏昭《ひろあき》でしたが、苦労《くろう》して入学できた大学です。卒《そつ》業《ぎょう》をしなければ意味がありません。

授業《じゅぎょう》は、どれも必死《ひっし》で勉強しました。イリノイに来たころは、英語《えいご》で書かれた教科書はちんぷんかんぷんでしたが、今では、わからない単語だけ辞書《じしょ》で確認《かくにん》すれば、内容《ないよう》がわかります。わかってくれば、どんどん頭に入ってきて、おもしろくなってもくるのです。

それでもわからないときは、チームメイトに聞いたりして、わからないまま放っておくことをしないようにしました。

2013年、8月。アメリカに来て6年、イリノイ大学に編入《へんにゅう》して3年半たって、ついにすべての単位《たんい》を修得《しゅうとく》。卒業《そつぎょう》が認定《にんてい》されました。

「ヤッター！　最高《さいこう》の気分！」

高校生までは、車いすバスケ漬《づ》けの毎日で成績《せいせき》はあまりあがりませんでした。勉強が楽しいなんて一度も思ったことがなかった宏昭《ひろあき》が、こうして、勉強をやりとげ卒業《そつぎょう》できたのです。生まれてはじめて味わう達成感《たっせいかん》でした。

（だけど、待てよ。）

宏昭《ひろあき》は自問自答していました。

（勉強では目標達成《もくひょうたっせい》したけど、車いすバスケではどうだろう？）

宏昭《ひろあき》の車いすバスケットボールの本当の目標《もくひょう》は、「世界で認《みと》められる選手《せんしゅ》になること」のはずです。

（自分は、そうなっているだろうか？）

（いや、まだまだだ。）

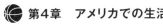

（じゃあ、卒業《そつぎょう》した今、その目標《もくひょう》に向かってどう進んでいけばいいだろう？）

考えぬいた末《すえ》に出した結論《けつろん》。それは、海外のリーグに参戦《さんせん》することでした。（パラリンピックで出会った、圧倒的《あっとうてき》な技術《ぎじゅつ》とパワーの選手《せんしゅ》たち。その人たちが所属《しょぞく》するチームできたえられたい。）

宏昭《ひろあき》は、目標《もくひょう》に向かって、また一歩ふみだすことにしたのです。

第5章 プロアスリートとして

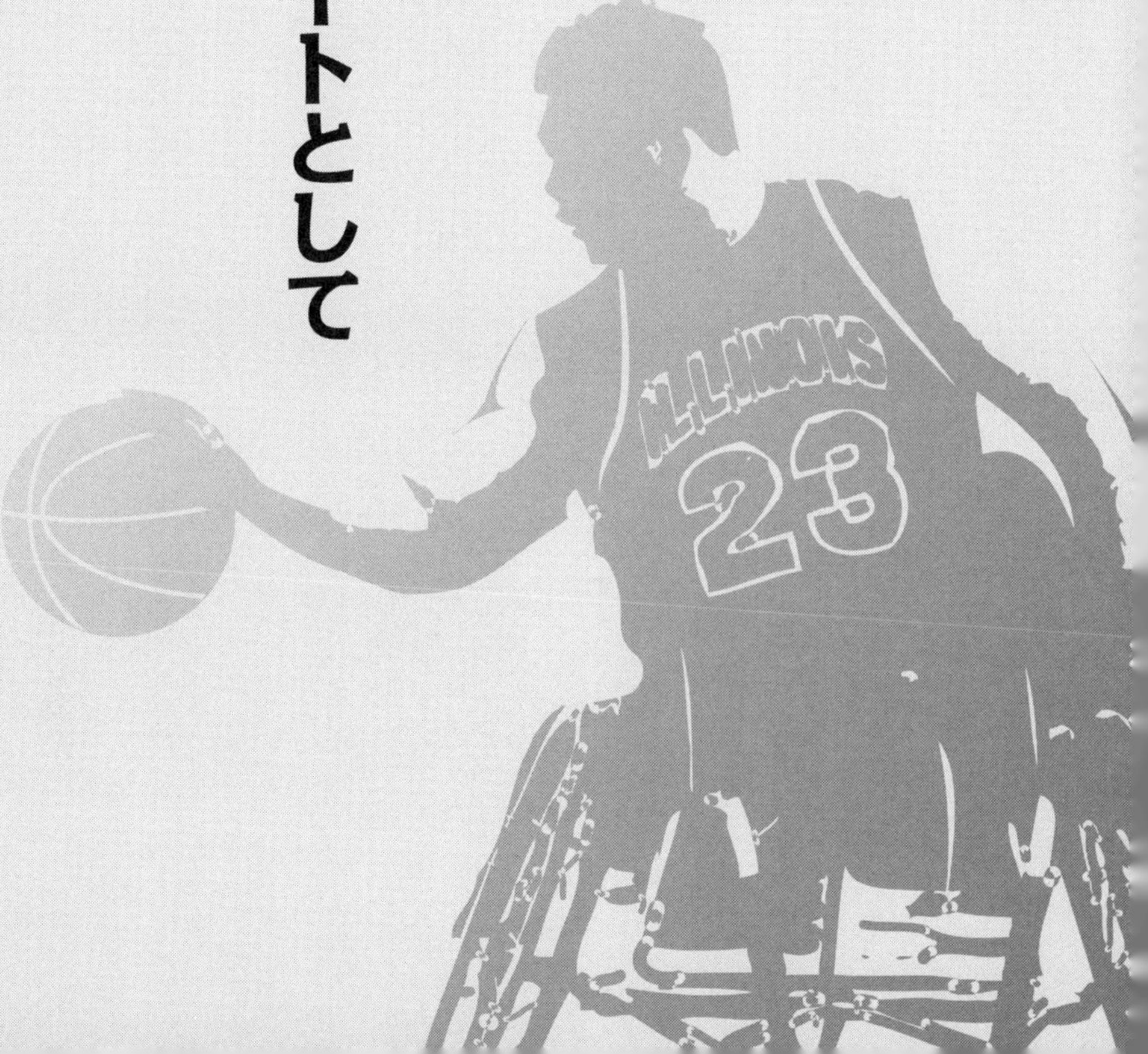

もっと強くなるために

（どのチームにしようか？）

宏昭《ひろあき》は、パラリンピックの予選《よせん》で強さを見せつけられたオーストラリアや、ヨーロッパの強豪国《きょうごうこく》のチームを調べまくりました。

（イタリアやスペインにも、すごいチームがたくさんあるな。ここからトライしてみよう。）

いくつかのチームに交渉《こうしょう》してみましたが、条件が合わずになかなか入団にいたりません。

そんなとき、イリノイ大学の女子車いすバスケットチームに所属《しょぞく》していた先輩《せんぱい》のエディーナからメールがきました。

彼女は、大学時代の3学年先輩《せんぱい》で、卒業後《そつぎょうご》、故郷《こきょう》ドイツに帰り、ドイツのチームで活躍《かつやく》していたのです。

「ヒロ、ヨーロッパのチームを探《さが》しているんだって？」

「そうなんだ、なかなかぴったりのところと出合えなくて。」

「じゃあ、私の所属《しょぞく》するハンブルクのチームに来ない？」

「どんなチームなの？」

「これからブンデスリーガ※で優勝《ゆうしょう》することを目標《もくひょう》にしているチームだよ。」

エディーナの「これから」ということばが、宏昭《ひろあき》の心にぴたっと来ました。

「そういうチームなら、目標《もくひょう》に向かって、ぼくもいっしょに成長して貢献《こうけん》できるかも。」

宏昭《ひろあき》は、「BG《ビージー》バスケッツハンブルク」というチームの代表やコーチとメールでやりとりをして、たがいの思いを確認《かくにん》しあいました。

※ブンデスリーガ…ドイツの車いすバスケットボールのトップのリーグ。↓142ページ

エディーナのいう通り、「これから」のびる可能性《かのうせい》をおおいに感じられるチームでした。チーム側《がわ》も、「世界に認《みと》められる選手《せんしゅ》になりたい。」という宏《ひろ》昭《あき》の可能性《かのうせい》を買ってくれて、ついに入団が決まりました。

ちょうどそのころ、宏昭《ひろあき》は、同じイリノイ大学の大先輩《だいせんぱい》で「イリノイ大学日本同窓会《どうそうかい》」の会長をしている、小峰尚《こみねひさし》さんという人に出会いました。宏昭《ひろあき》がNHK《エヌエイチケイ》の「アスリートの魂《たましい》」という番組に出演して、イリノイ大学で活《かつ》躍《やく》するようすを見た小峰《こみね》さんは、その生き方に感動してくれ、ドイツでの活動を支援《しえん》したいと申し出てくれたのです。

小峰《こみね》さんのおかげで宏昭《ひろあき》は、はじめての地、ドイツでのプロ生活を安心してスタートさせることができました。

それからは、1年の3分の2がドイツ、3分の1が日本でという生活が続《つづ》いていきます。

ライトアップされた
ハンブルク市庁舎《しちょうしゃ》。

ハンブルクのクリスマスマーケット。

ドイツと日本の往復《おうふく》生活

車いすバスケットボールのルールは、一般《いっぱん》のバスケットボールとほとんど同じ。5人ずつ2チームで得点《とくてん》を競《きそ》いあいます。

選手《せんしゅ》ひとりひとりには、障《しょう》がいの度合いによって異《こと》なる持ち点があります。腹筋《ふっきん》や背筋《はいきん》が機能《きのう》しないなど、最《もっと》も障《しょう》がいが重い状態《じょうたい》を1点として、持ち点は程度《ていど》に応《おう》じて0・5点刻《きざ》みであがっていき、最《もっと》も障《しょう》がいが軽い状態《じょうたい》では4・5点となっています。5人の選手《せんしゅ》の持ち点合計は、基本的《きほんてき》には14点以内《いない》とすることが試合《しあい》の際のルールです。

宏昭《ひろあき》のように、ひざから下の両足がなくても、腹筋《ふっきん》・背筋《はいきん》にまったく問題ない場合は、持ち点は比較的《ひかくてき》程度《ていど》の軽い3・5点となります。及川《おいかわ》コーチの持ち点は、選手《せんしゅ》時代は最《もっと》も軽度の4・5点でした。

軽度の4・5点や3・5点の選手《せんしゅ》ばかりだとチームの持ち点をオーバーしてしまい試合《しあい》に出られなくなるので、チーム編成《へんせい》はバランスよく考える必要《ひつよう》があります。

日本にいるあいだは、及川《おいかわ》コーチが設立《せつりつ》し、現在《げんざい》も指導《しどう》するノーエクスキューズというチームの一員となり、練習と試合《しあい》の毎日です。

ドイツでは、所属《しょぞく》チームのBG《ビージー》バスケッツハンブルクが用意してくれたアパートに住んで、チームの体育館やジムに通い、試合《しあい》もこなしていきます。

BG《ビージー》バスケッツハンブルクチームは、宏昭《ひろあき》が入った年から、ぐんぐんと実力をつけていき、ヨーロッパで一番強いクラブチームを決める大会では、チームごとのランク分けでいえば低い位置《いち》の4部から、4年間で1部へと昇格《しょうかく》し、一気に実力チームにのぼりつめていきました。

ドイツ1年目。
リーグ戦終盤《せんしゅうばん》
の試合《しあい》で。

チームメイトと
声をかけあう。

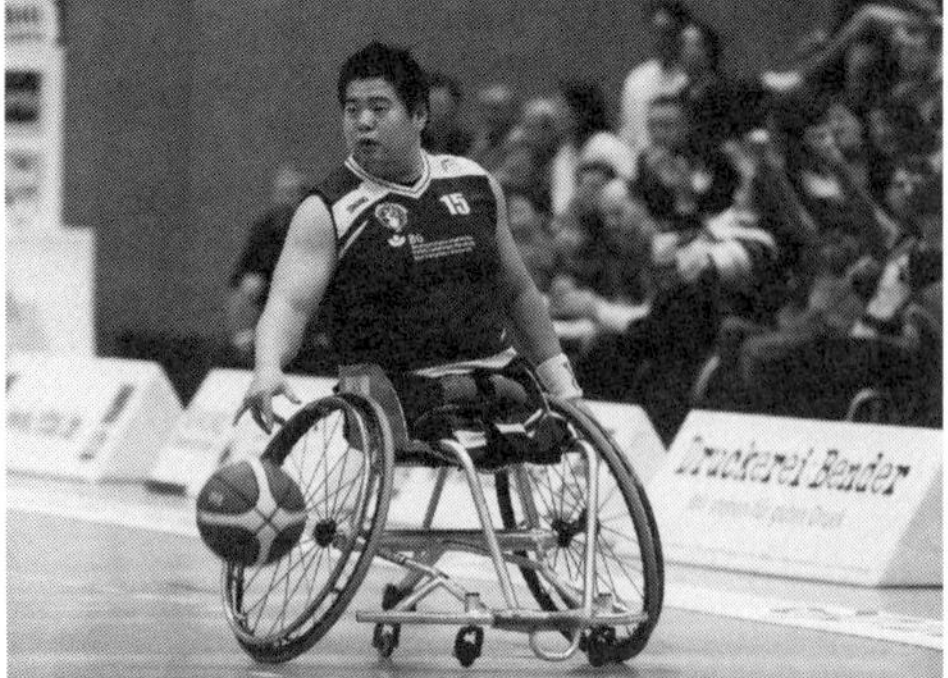

ドリブルをしながら
得点《とくてん》をねらう宏昭《ひろあき》。

宏昭《ひろあき》も、ドイツリーグのデビュー戦でいきなり41得点《とくてん》をあげるなど活躍《かつやく》して、チームの中心選手《せんしゅ》になっていったのです。

強豪《きょうごう》ぞろいのドイツリーグで、世界を舞台《ぶたい》に戦《たたか》えることは、宏昭《ひろあき》を心身ともに大きくしてくれるようでした。プロアスリートとして活躍《かつやく》し続《つづ》けるということは、試合《しあい》で結果《けっか》を出さなくてはならないということです。

宏昭《ひろあき》も、イリノイ大学で身につけたベーシックを生かして活躍《かつやく》し、チー

ドイツ２年目。ドイツカップファイナルにて。

ドイツカップファイナル準決勝《じゅんけっしょう》。

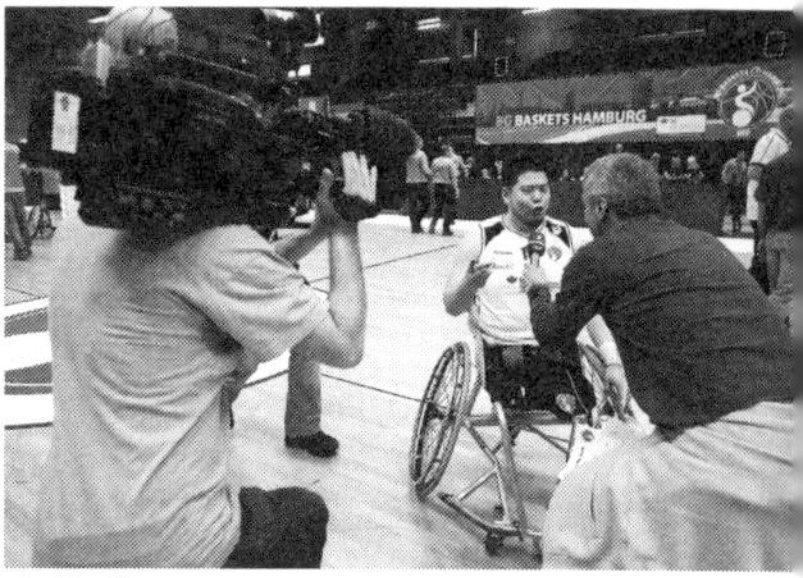

試合後《しあいご》にインタビューを受ける宏昭《ひろあき》。

ドイツカップファイナル決勝で、シュート！

チームは準優勝《じゅんゆうしょう》に。チームメイトと記念撮影《さつえい》。

ムが試合《しあい》で結果《けっか》を出せるよう貢献《こうけん》していました。

ドイツと日本を、年に何回も往復《おうふく》していく生活ですが、暮《く》らしそのものには、不自由《ふじゆう》はありません。ドイツは、古い町並《まちな》み が残《のこ》り石畳《いしだたみ》が多く、車いすで通りにくいところもありますが、日本でも段差《だんさ》があったり放置《ほうち》自転車があったりで通りにくいところはあるので、たいして変《か》わりはありません。そういう道をさければいいのです。風習や食べものも、慣《な》れてしまえば、それなりに楽しめます。

宏昭《ひろあき》が痛切《つうせつ》にハードルを感じたことは、車いすバスケの技術《ぎじゅつ》についてだけでした。

ルールは世界共通で何の問題もありませんが、「パス」の方法《ほうほう》はあらためて考えなければならなかったのです。

小がらな日本人選手《せんしゅ》とはちがって、ヨーロッパやアメリカの選手《せんしゅ》は座高《ざこう》がかなりあります。つまり、ドイツでこれまでと同じようにパスをすれば、ボールの位置《いち》が低くてすぐにカットされてしまうのです。日本だけでバスケをしていると、意識《いしき》しないのですが、世界を舞台《ぶたい》に試合《しあい》をするときは、高いパスを出すことを心がけなければ、負けてしまうということです。

外国の選手《せんしゅ》とくらべると小がらな宏昭《ひろあき》にとって、それは、だいじなことでした。

（世界で認《みと》められる選手《せんしゅ》になるためには、高いパスを確実《かくじつ》に出せるように。）

そう心に決め、パスの練習にも余念《よねん》がありません。

BG《ビージー》バスケッツハンブルクチームに入って、まもなく3年がたとうとしていました。2年目からは、日本から藤本怜央《ふじもとれお》選手《せんしゅ》が、3年目からは千脇貢《ちわきみつぐ》選手《せんしゅ》が加《くわ》わっています。

3人とも、リオパラリンピックの日本代表選手《せんしゅ》に選《えら》ばれました。

2015年3月。藤本《ふじもと》怜央《れお》選手《せんしゅ》と。

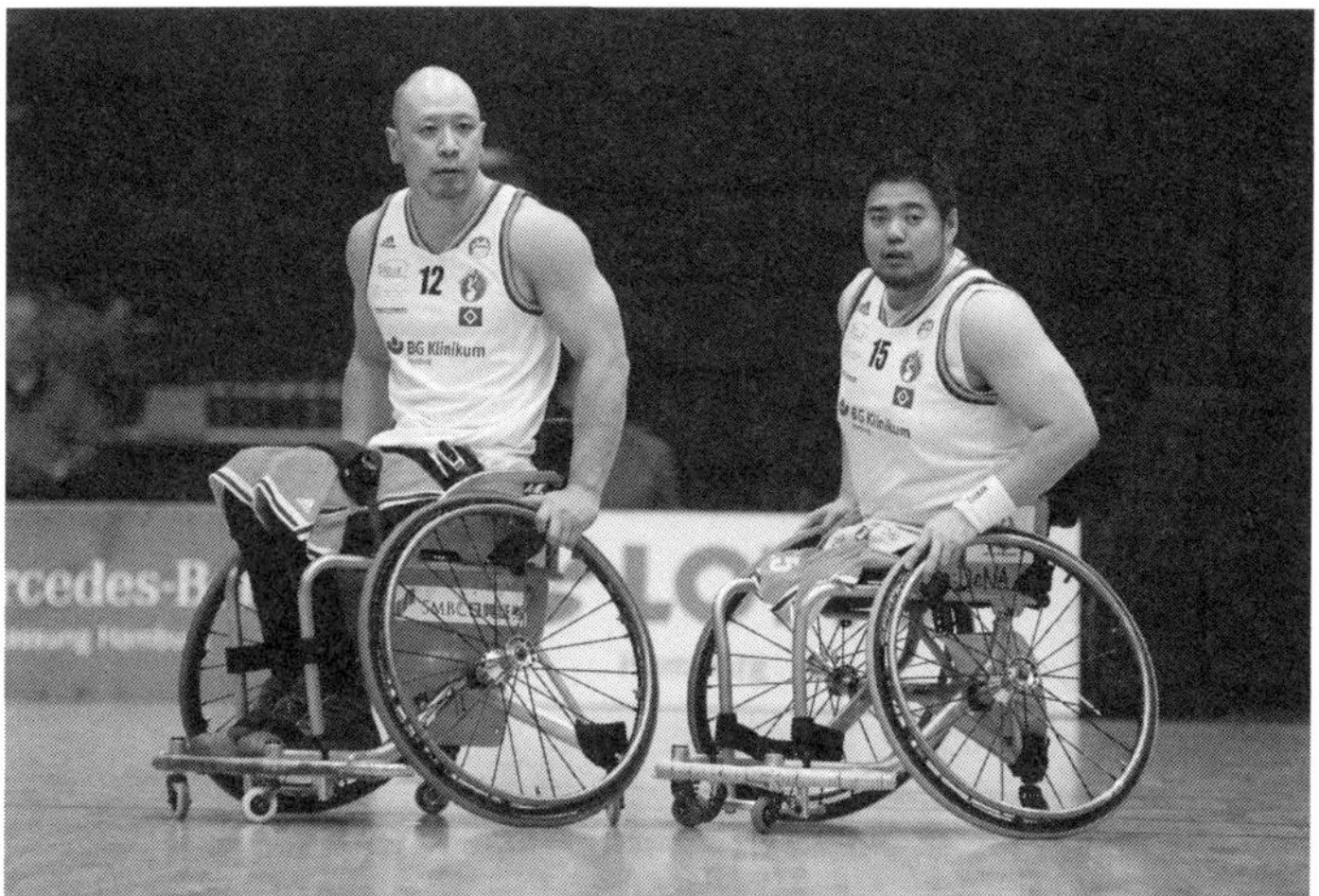

2016年12月。千《ち》脇《わき》貢《みつぐ》選手《せんしゅ》と。

（よし、このまま、リオパラリンピックで勝利《しょうり》するぞ。）

意気込《いきご》みを強くして、宏昭《ひろあき》は、リオパラリンピックに向かって練習を重《かさ》ねていました。

リオパラリンピックをむかえて

2016年、リオパラリンピックがはじまりました。

一時帰国して、日本チームの副《ふく》キャプテンとなった宏昭《ひろあき》は、キャプテンの藤本怜央《ふじもとれお》選手《せんしゅ》とともにダブルエースとしてチームを引っぱっていく立場です。日本人としてはめずらしく大がらで屈強《くっきょう》な体を持つ千脇貢《ちわきみつぐ》選手《せんしゅ》も代表となり、チームのたのもしい仲間です。

そして、ヘッドコーチは、宏昭《ひろあき》がもっとも信頼《しんらい》する及川晋平《おいかわしんぺい》さん。

強固《きょうこ》なチームワークでいどめるにちがいありません。

日本チームは、パラリンピックで世界6位以内《いいない》をめざそう、と臨《のぞ》みました。

ところが、予選《よせん》リーグで、トルコ、スペイン、オランダに予期しない3連《れん》敗《ぱい》。2試合《しあい》を残《のこ》して、早くも予選敗退《よせんはいたい》が決まってしまったのです。

代表合宿で。ヘッドコーチの及川《おいかわ》さんがチームを指導中《しどうちゅう》。背番号《せばんごう》14が宏昭《ひろあき》。

日の丸を背負《せお》って勝ち星を次つぎとあげるはずが、上位《じょうい》8チームにも入れないありさまで、結果《けっか》はロンドンパラリンピックと同じ9位《い》でした。

決勝トーナメントに行けないまま、がらがらと夢《ゆめ》がくずれてしまったのです。

宏昭《ひろあき》は、立ちあがれないほど、くやしさと無力感《むりょくかん》でいっぱいでした。

及川《おいかわ》コーチからは、今回のパラリンピックの前には、

「ヒロ、勝ち負けを決めるというときがきたら、ぜったいに挑戦《ちょうせん》しなさい。」

と、いわれていました。

宏昭《ひろあき》のエースとしての可能性《かのうせい》を、認《みと》めて信じてくれていたからこそのことばだったのでしょう。

それなのに、宏昭《ひろあき》は、エースとして攻《せ》めきることができませんでした。

（おれのせいだ。おれが、トルコ、スペイン戦で、ここぞというときのシュートが決められなかったからだ。）

宏昭《ひろあき》は、及川《おいかわ》コーチのもとに行きました。

「このままじゃ、ダメだと思っています。自分が変《か》わらなくちゃ、変《か》わりたいです。」

及川《おいかわ》コーチは、だまって宏昭《ひろあき》の顔を見つめています。宏昭《ひろあき》はことばを続《つづ》けました。

「変《か》わりたいけど、どう変《か》わっていくか。それがだいじだと思います。」

「そのとおりだ。」

まっすぐに宏昭《ひろあき》を見ながら、及川《おいかわ》コーチはいいました。

「人はそんなに簡単《かんたん》には変《か》われない。やり続《つづ》け、挑戦《ちょうせん》するだけだ。自分を信じて。」

及川《おいかわ》コーチはそう続《つづ》けました。

宏昭《ひろあき》はコーチと話しながら、留学《りゅうがく》を決意したあの日のことを思い出しました。及川《おいかわ》コーチは、宏昭《ひろあき》が自分で考えて、自分で決め、自分で行動できるように導《みちび》いてくれました。

「負けない自分、さらに強い自分に変《か》わるためにはどうしたらいいかを、本気で考えて実行していきます。」

及川《おいかわ》コーチが、大きくうなずきました。

宏昭《ひろあき》は、「だいじょうぶ、おまえならできる。」といわれているように感じました。

みんなで力を合わせて。

第6章

東《とう》京《きょう》パラリンピックに向かって

チーム香西《こうざい》を立ちあげる

「東京《とうきょう》パラリンピックでメダルをとりたい!」

宏昭《ひろあき》の目標《もくひょう》がはっきりと決まりました。

宏昭《ひろあき》は、自分自身を強くするトレーニングにさらに力を注《そそ》ぎはじめました。

多くの専門家《せんもんか》や協力者《きょうりょくしゃ》のみんなと、ひとつの目標《もくひょう》に向かって、心身ともに成長させるプログラムを組むことにしたのです。

名づけて、チーム香西《こうざい》。

体づくりでは、筋《きん》トレのほかに、栄養士《えいようし》の指導《しどう》による食事管理もします。

メンタル(精神的《せいしんてき》な面)を整えるために、月に2回、メンタルトレーニングも続《つづ》けています。これは、パラリンピックという大舞台《おおぶたい》で勝つためのトレーニングです。

宏昭《ひろあき》は、自分が緊張《きんちょう》しやすい面を持っていることを自覚《じかく》し、自分のそういう面をことばにすることで、少しずつ、安定した強い精神力《せいしんりょく》を持つ自分になっていくというメンタルトレーニングを積《つ》んでいます。

それは、そのときの自分の気持ちを「言語化」するというトレーニングです。

たとえば、こんなことがありました。

車いすで急いで目的《もくてき》のところへ行かなければならないのに、違法《いほう》にとめられている自転車で道がふさがれたりして、なかなか進むことができずに、いらいらしたとします。

そのあと、遠まわりをしようと段差《だんさ》の歩道をおりようとすると、通りすがりの人が、自転車を道路のはしに移動《いどう》してくれていました。

トレーニングでは、このできごとをことばにするのです。

「車いすで進もうとすると、じゃまそうな態度《たいど》をとる人もいます。日本は、まだまだ障《しょう》がい者《しゃ》にやさしくないなあ、と感じました。そのあと、こんなところに自転車を停《と》めて、みんなにめいわくだなあ、と思いました。急いで行かなければならないのに、これじゃあ、間にあわないとイライラしました。」

心で思ったことを、ゆっくりと、ことばにしてみます。

「しかし、そこに、親切な人が来て助けてくれました。彼《かれ》は、みんなが通りやすいように自転車を移動《いどう》してくれたのです。その優《やさ》しさに、心が温かくなり、また、自分も優《やさ》しくなろうと思いました。」

自分の気持ちが変化《へんか》したことも、ことばに出します。そうすることで、気がつけば、いらいらが消えています。

試合中《しあいちゅう》は、つねに冷静《れいせい》でいて、瞬時《しゅんじ》に次の動きの判断《はんだん》をしなければなりません。ミスをして、イラッとしたり、あせったりしていては、的確《てきかく》な判断《はんだん》は出てこないのです。

こうしたトレーニングを重《かさ》ねながら、宏昭《ひろあき》は、少しずつ世界の壁《かべ》を越《こ》える準備《じゅんび》を進めています。

なにしろ、車いすバスケットボールをはじめたときの宏昭《ひろあき》自身の目標《もくひょう》は、「世界で認《みと》められる選手《せんしゅ》になること」ですから。

それに向かって、宏昭《ひろあき》は、まだまだ挑戦《ちょうせん》していくのです。

ゲームをコントロール！

2017年3月。ヨーロッパ8強のクラブチームだけが出場できる「ユーロリーグ・ファイナルラウンド・チャンピオンズカップ」が、スペインで開かれました。

宏昭《ひろあき》が所属《しょぞく》するBG《ビージー》バスケッツハンブルクには、リオパラリンピック日本チームのキャプテンだった藤本怜央選手《ふじもとれおせんしゅ》と千脇貢選手《ちわきみつぐせんしゅ》も加《くわ》わっていて、主力の日本人プレーヤーとして試合《しあい》にのぞみました。

最終戦《さいしゅうせん》の相手は、開催地《かいさいち》スペインのCD《シーディー》イルニオン。前回のヨーロッパチャンピオンで、ディフェンスのうまさで評判《ひょうばん》のチームです。

結果《けっか》は、圧倒的《あっとうてき》な強さでBG《ビージー》イルニオンが勝ちましたが、宏昭《ひろあき》と藤本選手《ふじもとせんしゅ》のファインプレーも光りました。

最終戦《さいしゅうせん》の第3クォーターでのこと。パスカットをした藤本選手《ふじもとせんしゅ》からパスを受けた宏昭《ひろあき》は、ドリブルでゴールに向かいました。だれもがそのままシュートすると思い、相手のディフェンスはかまえようとしています。

ところが、宏昭《ひろあき》はそのままシュートには行かずに、あとから自分を猛《もう》スピードで追いかけてくる相手をさっと確認《かくにん》して、急にスピードをゆるめました。そして、一度、サイドへ向かうふりをして、相手がまさに近づいたとき、ゴールへと再《ふたた》び向きを変《か》えました。

このフェイントによって、相手は宏昭《ひろあき》に衝突《しょうとつ》してしまい、相手のファウルとなったのです。

これで、宏昭《ひろあき》は、フリースローのチャンスを得《え》たのでした。

フリースローは、試合《しあい》の流れを変《か》える有効《ゆうこう》な手段《しゅだん》です。負けていても、あきらめずに、「フェイントでチャンスをつくれば、1点でも挽回《ばんかい》できるかも。」と瞬時《しゅんじ》にして判断《はんだん》できる力を、宏昭《ひろあき》は身につけてきたのです。

ひとつひとつの試合《しあい》をどう進めていけばいいか？　宏昭《ひろあき》は、心身をきたえながら、司令塔《しれいとう》としても成長していっています。チームが強くなるためには、宏昭《ひろあき》のような、ゲームをコントロールできる存在《そんざい》が不可欠《ふかけつ》なのです。

新たなる挑戦《ちょうせん》

宏昭《ひろあき》は２０１７年、さらに強い自分をつくるために、チーム移籍《いせき》を決めました。ドイツでの車いすバスケットボール、ナンバーワンのチーム「ＲＳＶ《アールエスブイ》ランディル」です。２０１７年11月から、新しいチームでの活動もはじまっています。

2018年1月、RSV《アールエスブイ》ランディルにて練習。イリノイ大学時代のチームメイト、ブライアンと。

海外の選手《せんしゅ》と、声をかけあって練習。

練習をリードする宏昭《ひろあき》。

入ったばかりでも、宏昭《ひろあき》は、チームのなかでは、年齢《ねんれい》とバスケ歴《れき》が上の方なので、チームの若手《わかて》にアドバイスする立場でもあります。チーム編成《へんせい》は、ドイツ人のほかに、スイス人、アメリカ人、そして宏昭《ひろあき》ひとり日本人なので、共通語は英語《えいご》です。イリノイ大学留学《りゅうがく》でつちかった英語《えいご》力は、宏昭《ひろあき》が「世界のチーム」で活躍《かつやく》するうえで、とても役立っているのです。

(思いきって、アメリカに留学《りゅうがく》してよかったなあ。)

あのときの決心が、今の自分をつくっていることを何度も実感《じっかん》しています。

2020年、宏昭《ひろあき》たちの生まれ育った日本で開催《かいさい》される、東京《とうきょう》パラリンピック。このゴールに向かって、宏昭《ひろあき》たちは、「自分たちらしい」プレーを展開《てんかい》して表彰台《ひょうしょうだい》にのぼろうと、思いをひとつにしています。

宏昭《ひろあき》は、「自分らしいプレー」をみがいて、表彰台《ひょうしょうだい》をめざす。

「自分らしいプレーとは？」というインタビューに、宏昭《ひろあき》は、笑顔《えがお》でこう答えます。

「スピードを生かしたプレーや、点をとりながら、まわりの選手《せんしゅ》を生かすプレーです。」

そして、こうつけ加《くわ》えました。

「ぼくは、スーパースターじゃないんです。今まで生きてきた過程《かてい》で出会った大切な人びとのおかげと、選《えら》びとってきた道を必死《ひっし》で歩いてきたおかげで、こうして今の自分がいると思っています。」

エピローグ

宏昭《ひろあき》は、子どもたちにこんなメッセージを送ります。
「出会いを大切にしよう！」
これは、宏昭《ひろあき》が今まで生きてきて実感《じっかん》していることです。
その時どきでいい出会いがあり、一歩一歩ふみだしてきたことが思い出されます。
父・香西広実《こうざいひろみ》、母・真弓《まゆみ》の子どもとして生まれたこと。
小学6年生で、車いすバスケと出合い、はじめたこと。
及川晋平《おいかわしんぺい》コーチに出会ったこと。
マイク・フログリーコーチに「イリノイに来ないか。」とさそってもらえたこと。

そして、思いきって、イリノイ大学に行ったこと。
渡米後《とべいご》、いろいろな出会いがあって、勉強もがんばって卒業《そつぎょう》できたこと。
課題《かだい》に向き合って、ドイツでプロアスリートになったこと……。
出会いと一歩一歩のすべてが、今の宏昭《ひろあき》をつくり、これからの宏昭《ひろあき》の夢《ゆめ》を
さらに実現《じつげん》させていくのです。
「まず、好《す》きなこと、やりたいことをみつけて。
好《す》きなことのためなら、きっとどんなことでもがんばれる。
だから……。」
宏昭《ひろあき》は、自信を持っていいます。
「勇気《ゆうき》を出して、一歩ふみだせば、世界が変《か》わるよ！」

コラム

車いすバスケってどんなスポーツ?

車いすに乗っておこなうバスケットボールです。車いすを巧妙《こうみょう》に操作《そうさ》しながら、すばやいパスワークでゴールをめざします。車いす同士の激《はげ》しい攻《せ》め合《あ》いが魅力《みりょく》です。

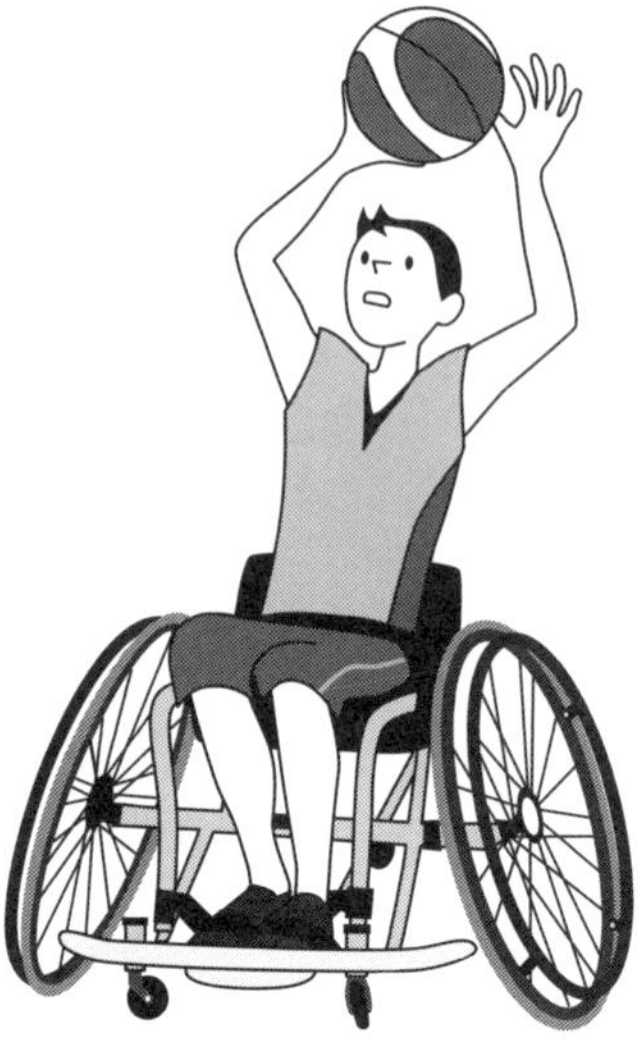

■はじまりは、戦争後の病院で

車いすバスケットボールは、1946年、アメリカの病院で生まれました。第二次世界大戦で車いす生活となった元軍人たちが、車いすに乗ったままバスケットボールを楽しんだことがはじまりです。

同じころ、イギリスのストークマンデビル病院のグットマン博士《はかせ》により、リハビリテーションの一環《いっかん》として採用《さいよう》されました。このふたつのはじまりから、車いすバスケットボールは、競技《きょうぎ》スポーツとして世界中に広がっていきました。

■世界的《せかいてき》に人気の高いスポーツへと

1960年、ローマでおこなわれた第1回パラリンピック大会から、正式な競技種目《きょうぎしゅもく》となりました。

はじまったばかりのころは、車いすも日常《にちじょう》で使用しているものを用《もち》いていましたが、スポーツとして人気が高まるにつれて、競技用《きょうぎよう》のものへと改良《かいりょう》されていきました。

ルールなどは、ほとんど、一般《いっぱん》のバスケットボールと変《か》わりません。

上半身で車いすを動かし、ボールをあやつります。車いす同士がぶつかり合い、タイヤが焦《こ》げたようなにおいがするほど激《はげ》しい攻防《こうぼう》や、片輪《かたりん》をうかしての華麗《かれい》なプレーなど、現《げん》在《ざい》はハイレベルな競技《きょうぎ》がおこなわれています。

■日本でも人気が広がるスポーツ

日本では、1960年にイギリスの病院でスポーツ・リハビリテーションを学んだ中村《なかむら》裕博士《ひろしはかせ》が、大分《おおいた》県の国立別府《べっぷ》病院で紹介《しょうかい》したことがはじまりです。

第2回パラリンピック東京《とうきょう》大会が開催《かいさい》された3年後の1967年、東京《とうきょう》ではじめてのクラブチーム「東京《とうきょう》スポーツ愛好《あいこう》クラブ」が誕《たん》生《じょう》し、その後、全国各地《かくち》にクラブチームがつくられ、さかんになっていきました。

1970年11月、日本ではじめての「第1回車いすバスケットボール競技会《きょうぎかい》」が開催《かいさい》されました。現在《げんざい》では国内で約《やく》70チームが日本車いすバスケットボール連盟《れんめい》に加盟《かめい》して、世界大会でも活躍《かつやく》する選手《せんしゅ》が育っています。

コラム

車いすバスケの基本《きほん》ルール①

—選手《せんしゅ》のクラス分け制度《せいど》—

■クラス分け制度《せいど》によるチーム編成《へんせい》

基本《きほん》のルールは、一般《いっぱん》のバスケットボールと同じです。コートには5人が出場し、選手《せんしゅ》の交代《こうたい》には回数制限《せいげん》はありませんが、コート上の5人の、障《しょう》がいに応《おう》じた持ち点の合計が常《つね》に14点以内《いない》となるように編成《へんせい》しなければなりません。

試合《しあい》に出場できるのは、下肢《かし》に障《しょう》がいのある選手《せんしゅ》で、すべての選手《せんしゅ》は障《しょう》がいの程度《ていど》により持ち点が与《あた》えられています。

おもに、脊髄損傷《せきずいそんしょう》や切断《せつだん》など下肢《かし》に障《しょう》がいのある選手《せんしゅ》たちが出場します。基本的《きほんてき》なバスケットボールでの動きで見られる身体能力《のうりょく》によって、持ち点が与《あた》えられます。

■持ち点と障《しょう》がいの程度《ていど》

障《しょう》がいが重いほど持ち点は小さく、障《しょう》がいが軽いほど持ち点が大きくなります。

この制度《せいど》の目的《もくてき》は、障《しょう》がいの重い選手《せんしゅ》も軽い選手《せんしゅ》も、平等に試合《しあい》に出場できるようにするためです。

基本的《きほんてき》なバスケットボールの動きで見られる身体能力《のうりょく》に応《おう》じて、1・0点から0・5点刻《きざ》みで4・5までと、持ち点によってクラス分けされています。

■選手《せんしゅ》の持ち点と障《しょう》がいの程度《ていど》

↑障《しょう》がいが重い（最大《さいだい》1.0点）

↓障《しょう》がいが軽い（最大《さいだい》4.5点）

持ち点	障《しょう》がいの程度《ていど》
1.0	重度の脊髄損傷《せきずいそんしょう》などの選手《せんしゅ》で、腹筋《ふっきん》や背筋《はいきん》の機能《きのう》がなく、座《すわ》っていてもバランスがとれないため、車いすの背《せ》もたれからはなれたプレーはできない。
2.0	脊髄損傷《せきずいそんしょう》などの選手《せんしゅ》で、腹筋《ふっきん》や背筋《はいきん》の機能《きのう》がわずかに残《のこ》っていて、上半身を前に傾《かたむ》けることができる。
3.0	脊髄損傷《せきずいそんしょう》や両大腿《りょうだいたい》の切断《せつだん》などの選手《せんしゅ》で、下肢《かし》にわずかの筋力《きんりょく》が残っており、骨盤《こつばん》で体をささえることができる。手を使わないでも上半身を起こすことができるが、体を左右へ曲《ま》げることができない。
4.0	片大腿《かただいたい》 や両大腿《りょうだいたい》の切断《せつだん》などの下肢障《かししょう》がいの選手《せんしゅ》で、股関節《こかんせつ》の動きを使って、体を左右のどちらかに曲《ま》げることができる。
4.5	片大腿《かただいたい》の切断《せつだん》など、軽度の下肢障《かししょう》がいの選手《せんしゅ》で、体幹《たいかん》バランスがあり、体を左右両側《りょうがわ》に曲《ま》げることができる。

コラム

車いすバスケの基本《きほん》ルール②

—試合《しあい》時間とトラベリング—

■競技《きょうぎ》時間

1試合《しあい》では、10分間のピリオドを4回おこない、2分間のインターバルとハーフタイム（10分から15分）が入ります。第4ピリオドが終了《しゅうりょう》しても、同点で決着《けっちゃく》がつかない場合は、1回につき5分の延長《えんちょう》ピリオドが設《もう》けられ、勝敗《しょうはい》が決まるまでおこないます。

ボールを持ったら、5秒以内《いない》にドリブルやパス、シュートをしなければなりません。

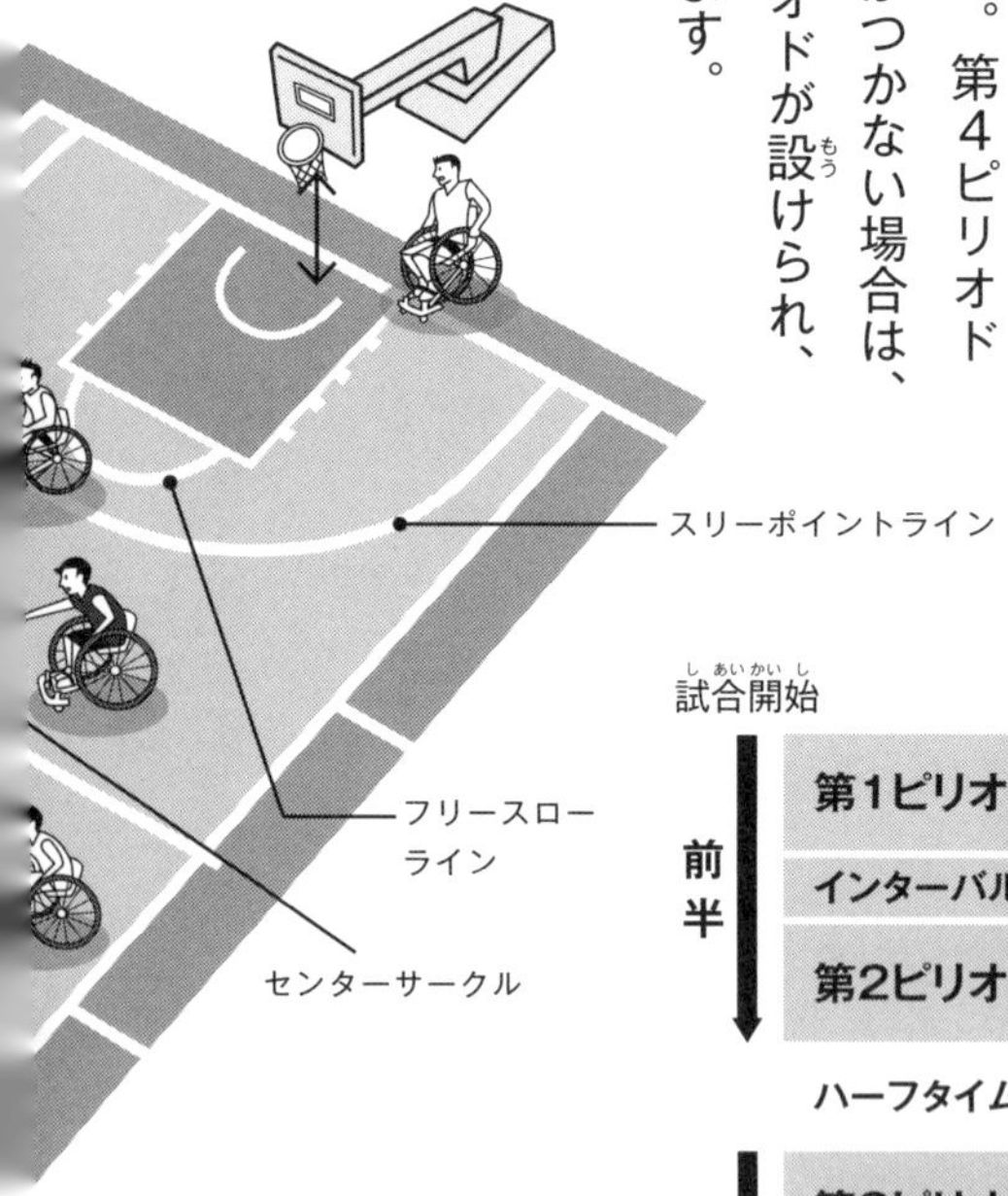

試合開始《しあいかいし》

前半	第1ピリオド	10分
	インターバル	2分
	第2ピリオド	10分
	ハーフタイム	10～15分
後半	第3ピリオド	10分
	インターバル	2分
	第4ピリオド	10分

試合終了《しあいしゅうりょう》

■競技場《きょうぎじょう》と人数

使用するコートの広さ、リングの高さ、ボールなどは一般《いっぱん》のバスケットボールと同じです。1チーム12人までで、コートには5人が出場します。

■トラベリング

一般《いっぱん》のバスケットボールでは、ボールを持ったまま、3歩以上《いじょう》歩いてはいけませんが、車いすバスケでは、ボールを持って車いすを3回連続《れんぞく》でプッシュする（こぐ）と、トラベリングという反則《はんそく》となり、相手チームのスローインとなります。

プッシュ2回以内《いない》でドリブルをおこなえば、くり返しプッシュ、ドリブルをおこなうことができます。

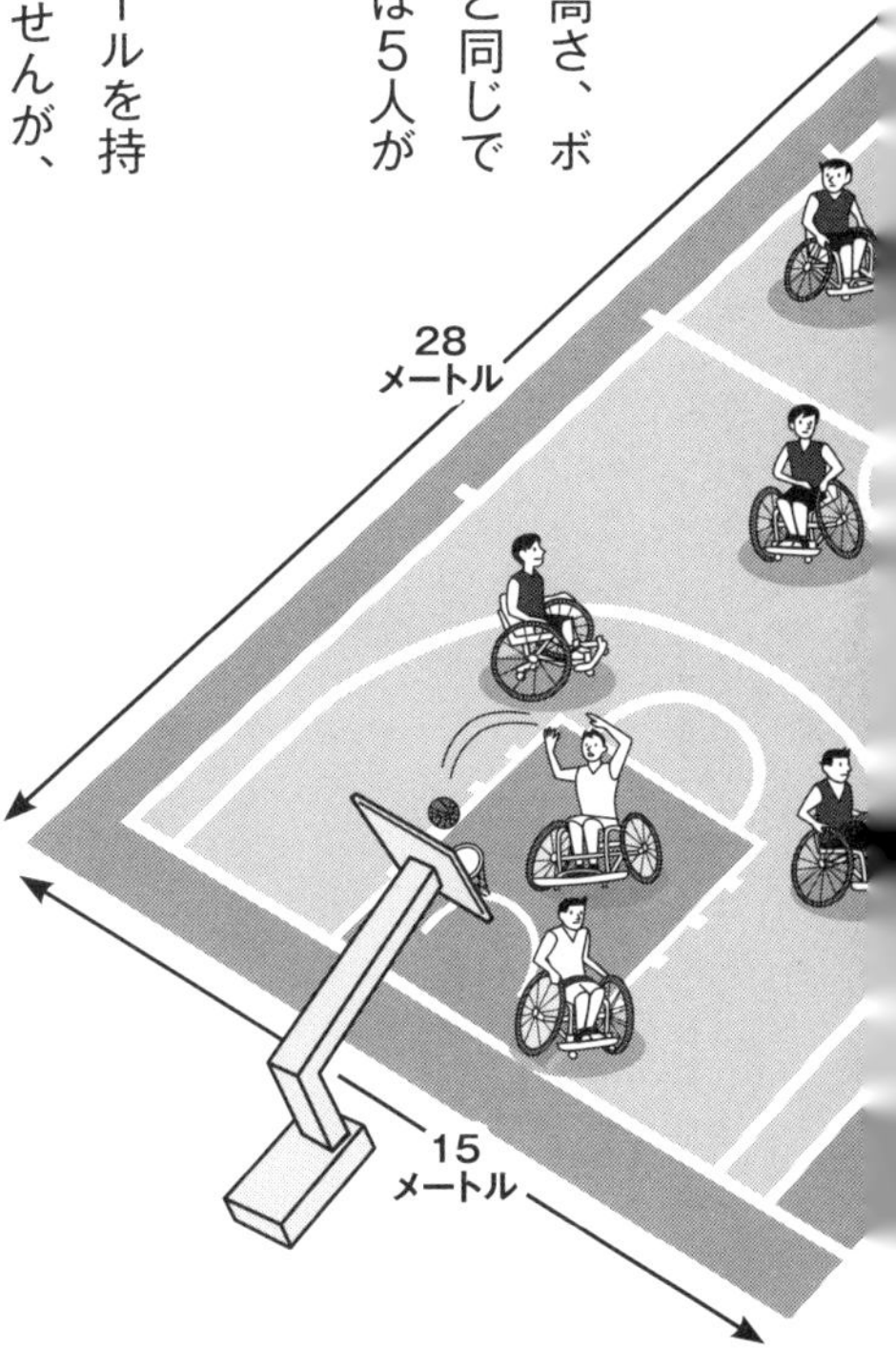

トラベリング

ボールを持ったまま、車いすを3回連続《れんぞく》でこぐ（車輪《しゃりん》をまわす）と、トラベリングになります。

コラム

車いすバスケの用具

競《きょう》技《ぎ》用《よう》の車いすは、タイヤに傾《けい》斜《しゃ》がついている「ハの字《じ》」の形《かたち》。これにより、すばやく回転して細やかな動きが可《か》能《のう》になっています。また、ほかの選《せん》手《しゅ》とぶつかったりしたときに、足を保《ほ》護《ご》してくれるバンパーや、後ろに重心がかかっても倒《たお》れないように転《てん》倒《とう》防《ぼう》止《し》キャスターがついています。

大会で活《かつ》躍《やく》する選《せん》手《しゅ》たちが使用する車いすは、フレームやシートの幅《はば》、高さなどを、それぞれの選《せん》手《しゅ》の体のサイズに合わせてつくられています。ボールは、一《いっ》般《ぱん》のバスケットボールと同じです。

一《いっ》般《ぱん》的《てき》な車いす

タイヤは平行で、ブレーキやひじかけなどがついています。体をささえるために、背《せ》もたれは高く、後ろには、介助者《かいじょしゃ》が押《お》すためのグリップ（取っ手）があります。

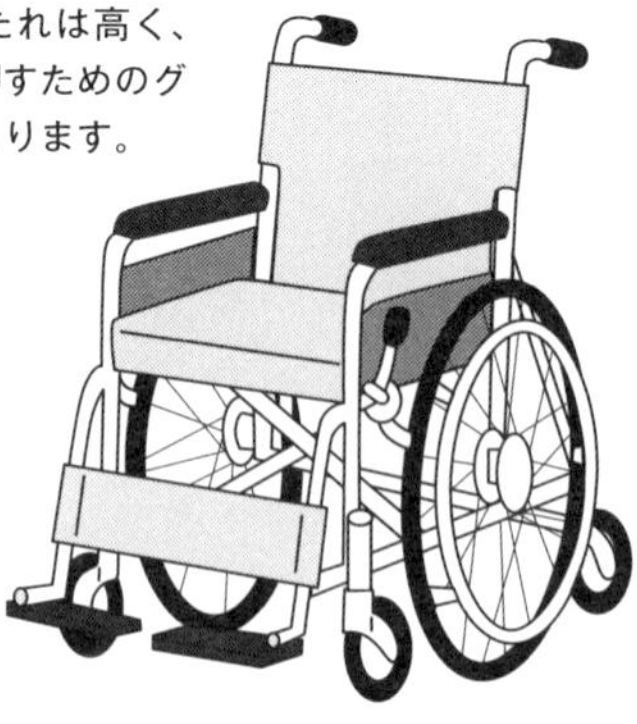

車いすバスケで使う競技用《きょうぎよう》車いす

選手《せんしゅ》たちが使う競技用《きょうぎよう》車いすは軽量《けいりょう》で、動かしやすいようにさまざまな工夫《くふう》がされています。

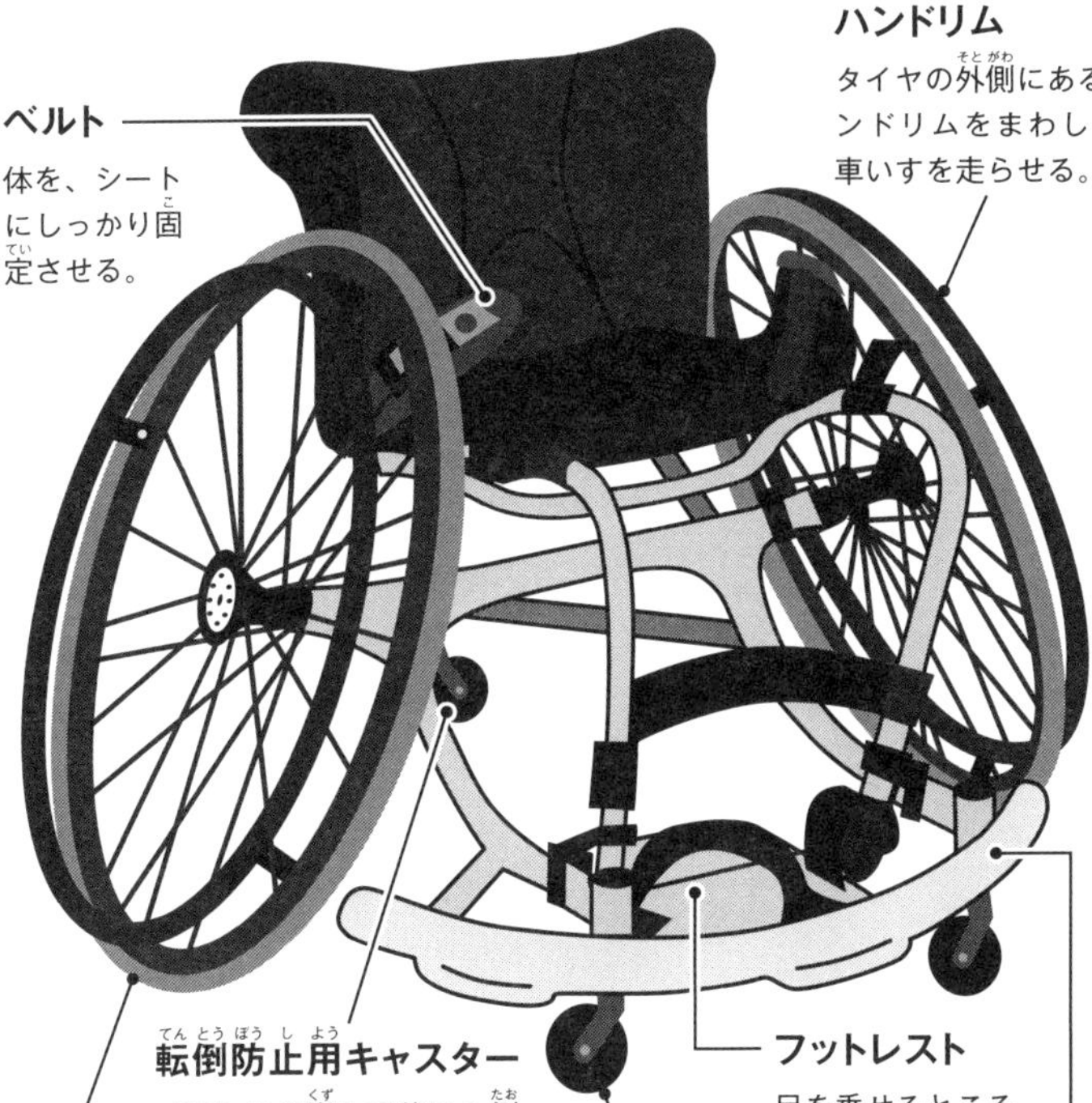

ハンドリム

タイヤの外側《そとがわ》にあるハンドリムをまわして、車いすを走らせる。

ベルト

体を、シートにしっかり固《こ》定《てい》させる。

転倒防止用《てんとうぼうしよう》キャスター

バランスを崩《くず》して後ろへ倒《たお》れないようにキャスターがついている。

フットレスト

足を乗せるところ。

キャスター

車いすを安定させる。

ハの字形《じがた》のタイヤ

タイヤは角度をつけたハの字《じ》の形《かたち》になっている。タイヤが傾《かたむ》いていることで、回転の性《せい》能《のう》があがり、すばやいターンができる。競《きょう》技中《ぎちゅう》にタイヤがパンクすることがあるため、かんたんに着脱《ちゃくだつ》ができるようになっている。

バンパー

足を保護《ほご》するだけでなく、ほかの車いすに引っかからないようにもする。

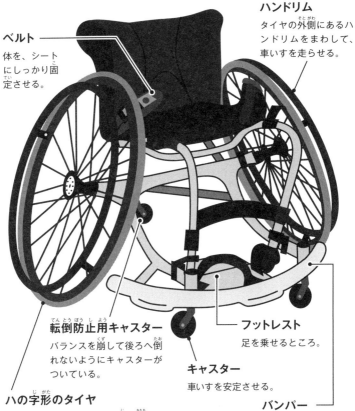

宏昭《ひろあき》が体験《たいけん》した

アメリカとドイツの車いすバスケ

イリノイ大学と全米大学選手権《せんしゅけん》

アメリカでは、いくつかの大学に車いすバスケットボールのチームがあり、インカレ(大学同士での大会)があります。また、13歳以下《さいいか》の子どもたちのためのリーグもあり、幼《おさな》いころから車いすバスケに親しむ環境《かんきょう》が整っています。子どもたちは「この大学で車いすバスケをしたい!」とあこがれて入学します。また、宏昭《ひろあき》のように国外から留学《りゅうがく》してくる選手《せんしゅ》も多く、みな、大学で学びながらプレーをしています。宏昭《ひろあき》がいたころは8チームありましたが、今では10チームに増《ふ》えています。11月から3月が試合《しあい》のシーズンで、3月初旬《しょじゅん》におこなわれる全米大学選手権《せんしゅけん》でシーズンの幕《まく》を閉《と》じます。

宏昭《ひろあき》のいたイリノイ大学は名門で、女子チームもあります。イリノイ大学からは多くのパラリンピック選手《せんしゅ》を輩出《はいしゅつ》しています。

ドイツの車いすバスケットボール

ドイツでは現在《げんざい》、競技力《きょうぎりょく》で分かれた18のリーグで134チームがプレーしています。
宏昭《ひろあき》がいるのは、このうちトップの「ブンデスリーガ」と呼ばれる1部リーグです。1部リーグにはプロ契約《けいやく》をする選手《せんしゅ》も多く、海外からも多くの選手《せんしゅ》が来ています。

毎年9月の終わりから3月にかけてリーグ戦がおこなわれ、上位《じょうい》4チームで優勝決定戦《ゆうしょうけっていせん》がおこなわれます。

また、ヨーロッパでは、ヨーロッパのクラブチームナンバー1を決める大会がおこなわれます。この大会は4部に分かれており、宏昭《ひろあき》のチームはこの1部にいます。1部は2月から3月にかけてリーグ戦などの合間に予選《よせん》がおこなわれ、5月のゴールデンウィークころに、上位《じょうい》4チームのみの決勝ラウンドがおこなわれます。

ドイツの車いすバスケットボールリーグ

※（　）内はチーム数

宏昭《ひろあき》が最初《さいしょ》に入ったBG《ビージー》バスケッツハンブルクも、現在《げんざい》所属《しょぞく》するRSV《アールエスブイ》ランディルも1部リーグのチームです。

1部リーグ	ブンデスリーガ(10)				
2部リーグ	ブンデスリーガ北(8)		ブンデスリーガ南(8)		
3部リーグ	北(7)	西(6)	東(7)	中(6)	南(8)
4部リーグ	北(7)	西(10)	東(6)	中(7)	南(9)
5部リーグ	北+西(10)		東(6)	中(8)	南(6)
6部リーグ	ベルリン(5)				

5部までのすべてのリーグで入《い》れ替《か》え戦《せん》があります。

文・光丘真理（みつおか・まり）
宮城県生まれ。日本児童文芸家協会・日本文藝家協会会員。2011年3月11日、故郷・宮城県で被災したことがきっかけとなり、子どもたちを元気にする作品創作に使命を感じている。読書ボランティア活動中。著書に、『二人でなら、世界一になれる！』（2018年、PHP研究所）『タンポポ　あの日をわすれないで』（2011年、文研出版）など多数。

Special thanks　及川晋平　マイク・フログリー
京谷和幸　藤本怜央　千脇 貢　小峰 尚
NO EXCUSE　千葉ホークス　イリノイ大学
BGバスケッツハンブルク　RSVランディル
DeNA　日本航空　ヘインズブランズ ジャパン

協力　香西広実　香西真弓　香西里実
金子恵美子（p142.143執筆）
一般社団法人 日本車いすバスケットボール連盟
株式会社 小曽根マネージメントプロ

写真提供　香西広実　香西真弓（1章.p32.107）
伊藤真吾（4章.p110.111.112.115.117.120.6章）
NPO法人 Jキャンプ（p43.45.47.50.51.58.3章）

企画・編集　株式会社 童夢

パラリンピックのアスリートたち
勇気《ゆうき》ある一歩《いっぽ》で世界《せかい》が変《か》わる！——車《くるま》いすバスケ 香西宏昭《こうざいひろあき》

2018年4月10日　初　版　　**NDC783 143P 20cm**

作　者　光丘　真理
発行者　田所　稔

発行所　株式会社　新日本出版社
〒151-0051　東京都渋谷区千駄ヶ谷4-25-6
03（3423）8402（営業）
03（3423）9323（編集）
info@shinnihon-net.co.jp
www.shinnihon-net.co.jp
振　替　00130-0-13681
印　刷　亨有堂印刷所　　製本　小泉製本

落丁・乱丁がありましたらおとりかえいたします。

ISBN 978-4-406-06232-9　C8375　Printed in Japan